आनन्दाद्ध्येव खल्विमानि भूतानि जायन्ते,
आनन्देन जातानि जीवन्ति ।
आनन्दं प्रयन्त्यभिसंविशन्ति ।

«Aus Reiner Wonne entspringt die Schöpfung;
durch Wonne wird sie erhalten;
zu Ihr hin strebt sie
und kehrt in Sie ein.»

Tafeln 1 und 2
Devī Ambikā. Malerei. Rajasthan. Aus einem Manuskript des 17. Jh.
Devī als Mūla-prakṛti, als nicht-manifeste (avyakta) Ur-Energie, in der alle kosmischen Prozesse zu reiner Existenz aufgelöst und eingekehrt sind. Nach Yoginīhṛdaya-Tantra: «Verehrung sei Ihr, dem Reinen Sein – Bewußtheit – Wonne, der Kraft, die in Gestalt von Zeit und Raum und allem was darin ist existiert, der strahlenden Leuchte in allen Dingen!» Der schöpferische Anstoß geschieht, wenn sich jene Reine Bewußtheit, jenes für immer bewegungslos verharrende, aber durch seine Ausstrahlungen agierende Prinzip entfaltet.

॥श्रीअंबिकादेवता।

Ajit Mookerjee

TANTRA ASANA

Ein Weg zur Selbstverwirklichung

Herausgegeben von Ravi Kumar, Paris
Verlag Anton Schroll & Co · Wien und München

Von demselben Autor:

Folk Art of Bengal, Museum Studies
The Arts of India, Folk Toys of India
Modern Art in India, Indian Primitive Art
Tantra Art (deutsche Ausgabe: Tantra-Kunst)

Die Übersetzung aus dem Englischen
besorgte Dr. Erhard Göbel-Groß

Printed in Switzerland 1971
Basler Druck- und Verlagsanstalt, Basel

ISBN 3 85560 029 5

Immer noch, nach 22 Jahren, bin ich auf der Suche. Ich habe danach gesucht in diesem Lande der Śaktis, das sich vom Himalaya bis zum Ozean erstreckt. In grauer Vorzeit erlangten die Sādhakas in ihrem Bemühen, der Welt Gutes zu erweisen, das Wissen vom Ursprung der Schöpfung, indem sie sich der Höchsten, der Einen, der Unteilbaren Śakti weihten. Wo sind jene Sādhakas geblieben? Wo kann man heute noch diesen Gesang vernehmen:

त्वं स्वाहा त्वं स्वधा त्वं हि वषट्कारः स्वरात्मिका ।

Ich machte mich auf, jene heiligen Plätze wiederzuentdecken, wo Yogīs meditierten und Vollendung erlangten. Und jetzt gibt es für mich keinen Weg zurück. Irgendwo in diesem Lande werden immer noch Opferfeuer entzündet und unterhalten, um das Wissen von dem festen Mittelpunkt des fortwährend sich ändernden Universums zu erlangen. Es muß noch Sādhakas geben, die jene geheimnisvolle höchste Kraft kennen, die Schöpfung, Erhaltung und Auflösung bewirkt. Wo verbirgt sich der Mensch, der Sie erschaut hat und fähig ist zu sagen: Śakti ist Bewußtheit!
Ich grüße jene Bewußtheit!
Der Gegenstand Tantra-āsana ist sehr schwierig darzustellen und wird nur zu häufig mißverstanden, da er von offensichtlich paradoxer Natur ist – irdisch und transzendent zugleich. Diesen Gegenstand in diesem vorliegenden Band faßbar gemacht zu haben, verdanke ich dem Beistand der Herren Samar Sen, Ravi Kumar und Dr. Kalyan Ganguly.

A.M.

MIR und DIR

Tafel 3 →

Aiṅg, Aiṅg ist Dein liebstes Mantra,
Du bist sowohl Gestalt wie auch gestaltlos,
Du bist der Schatz des Lotus-Gesichts
der Lotus-Geborenen,
Verkörperung aller Guṇas, jedoch
aller Eigenschaften bar,
Unveränderlich, weder grob noch fein.

Keiner kennt Dein Wesen, noch Deine
innere Wahrheit.
Du bist das ganze Universum.
Und Du bist es, das darin existiert.
Du wirst verehrt von den Obersten der Götter.
Ohne selbst teilbar zu sein, bist
Du in Deiner Fülle überall.
Ganz und gar rein bist Du.

Sarasvatīstotra (Tantrasāra)

← Tafel 3
Vāk-Devī, die Göttin der Rede. Malerei. Rajasthan. Ca. 17. Jh.
Ein anderer Name für die Göttin Sarasvatī. Körper und Kleidung sind weiß, sie ist geschmückt mit Heiligen, himmlischen Wesen, Göttern und Göttinnen. Auf ihrer Stirn ruht Brahmā, der Schöpfer, und Viṣṇu, der Erhalter, auf ihrem Nabel. Vāk oder Nada, oder Sphota nach tantrischer Lehre, Symbol für die Göttin Sarasvatī, ist der nie endende Laut, ewig, absolut und in sich selbst ruhend, das schöpferische Prinzip des Universums.

«Die Frau, die du liebst, solltest du nicht besitzen wollen»

Göttin Basholi

Den Zustand vollkommener Wonne zu erreichen, ist das eigentliche Ziel von Tantra. Unsere gewöhnlichen Wonneerfahrungen sind von äußerst begrenzter Natur, verschaffen nur flüchtige Einblicke in den Glückszustand, den uns diese höchste Wonne gewähren kann, bringen uns, entsprechend ihrer Vergänglichkeit, immer wieder auf eine rohe Daseinsebene herab und hindern uns an einem Fortschreiten hin zur Selbst-Verwirklichung.

Tantra-āsana stellt einen der Wege zur Selbst-Verwirklichung dar. Die Āsanas, eigentlich «Yoga-Stellungen», sind als wissenschaftliches System aufgebaut auf der Konzeption des Universums und der Rolle, die der Mensch darin spielt. Vollkommenheit auf der Grundlage von Tantra-āsana ist erreicht, sobald man sich seiner eigenen unerhörten Möglichkeiten bewußt wird, sich dadurch selbstverwirklicht und im Eins-Sein mit dem Kosmos die höchste Wonne erfährt.

Ein jedes Yoga-System erlaubt dem Menschen, über die Bedingungen, in die er gestellt ist, hinauszuschreiten. Darüber hinaus aber ist Tantra insofern einzigartig, als es eine Synthese von Bhoga und Yoga, von Wonne und Meditations-Praxis zur Selbst-Verwirklichung, darbietet. Im tantrischen System gibt es keine Entsagung oder Verleugnung der uns umgebenden Lebensvorgänge. Statt dessen fordert uns Tantra auf, uns völlig diesen Lebensvorgängen zuzuordnen, denn im Tantrismus ist das Spirituelle nichts, das von oben herabsteigt, sondern eine Erleuchtung, die in uns selbst entdeckt werden muß.

Grundsätzlich für den Tantriker ist die Erkenntnis der Identität des menschlichen Körpers als Mikrokosmos mit dem Universum als Makrokosmos (brahmâṇḍa). Für ihn ist der Körper die Heimstatt der kosmischen Wesenheiten, ja sogar eine Wiedergabe des Universums im kleinen. Und somit bewahrt der Mensch die Wesenheit des ganzen Kosmos in sich. Der Tantriker betrachtet deshalb den Körper mit dessen physiologischen und physischen Prozessen als vollkommenes Medium (yantra), diese wesentliche Wahrheit zu erfassen. Oder wie Ratnasāra es ausdrückt:

«Wer die Wahrheit des Körpers erkennt, wird dann dazu kommen, die Wahrheit des Universums zu erfassen!»

Der Schöpfungsprozeß nach tantrischer Lehre

Tantra-āsana als Methode zielt darauf ab, die Individualseele (ātman) mit dem Absoluten Unendlichen (brahman) im Zustand kosmischer Bewußtheit (samādhi) zu vereinen, für die es nur noch Reine Existenz gibt. Śiva-Śakti, Vereinigung und Verschmelzung von Gestalthaftem und Gestaltlosem. Es ist dies der Zustand von Sat-Cid-Ānand, Reiner Existenz – Bewußtheit – Wonne.

Vor der Schöpfung gab es nur das Eine, das durch den Schöpfungsprozeß in eine Vielfalt verwandelt wurde. Nur durch eine Rückkehr zum ursprünglichen Eins-Sein erfährt man die Freiheit im Absoluten. Um diese Freiheit zu erreichen, ist es unerläßlich, die beiden Prinzipien des Männlichen und Weiblichen miteinander zu vereinen und ineinander zu integrieren, entweder im eigenen Körper oder durch die Vereinigung zweier Körper. Mann und Frau sind damit zu vornehmsten Ausdrucksformen für das Eine, das zu zweien wird und fortdauernd wieder zu Einem zu werden versucht.

Am Anfang steht das Eine – jene unendliche Existenz, die alle Zustände durchdringt. In der Reinen Existenz sind allesvermögende Śakti und allgegenwärtiger Śabda, jener unhörbare kosmische Laut, aus dem der Bindu als Urgrund aller Schöpfung erschien. In diesem unendlich weiten Innenraum, dem Bindu, sind alle Zeiten – Vergangenheit, Gegenwart und Zukunft – kontrahiert: zwei Bindus als aufeinander einwirkende Ausgangspunkte jeder weiteren Schöpfung (sṛṣṭi), drei Bindus als Stationen der Fortdauer (sthiti) und die Rückkehr in den Bindu während der Auflösung (laya). Der Bindu ist der unbewegliche Mittelpunkt, um den die manifeste Welt angeordnet ist.

Dieses Zentrum haben wir mit der Urkraft (ādya-śakti), der Göttin Kālī, der Schwarzen, zu identifizieren, die in sich die drei Qualitäten (guṇa) Sattva, Rajas und Tamas im Gleichgewicht hält. Sattva ist die erleuchtende Kraft, die Bewußtheit ausstrahlt, Rajas ist die Aktivität, die anzieht und abstößt, und Tamas ist die Trägheit, die den Zustand der Verdichtung von Energie in Materie verkörpert. Kālī ist die Mutter der Zeit, denn in der Zeit (kāla) existiert dies alles, wird erhalten und löst sich auf. Deshalb ist Zeit für den Tantriker nichts Andauerndes, son-

सत्त्व

«Jener Aspekt (rūpa) der Devī, Höchste Wonne und Uranstoß aller Welten, erscheint und verschwindet nie»

Gāndharva-Tantra

Tafel 4
Oṃ. Malerei. Kangra, Himachal Pradesh. Ca. 18. Jh.
Oṃ, der kosmische Laut, die Verbindung der drei Mātrās a, u und m, der Ausgangspunkt aller Schöpfung.

Tafel 5
Anantanāga. Malerei. Kangra, Himachal Pradesh. Ca. 18. Jh.
Die Schlangen-Kraft symbolisiert die Quelle aller kosmischen Energie, die durch die unermeßliche Intensität ihrer Kraft die ganze Struktur des Universums erschaffen, erhalten und zerstören kann.

Tafel 6
Kosmische Sonne. Malerei. Kangra, Himachal Pradesh. Ca. 18. Jh.
Die kosmische Sonne bringt die Welt der Erscheinungsformen hervor.

Tafel 7
Ekârṇava-Flut. Malerei. Kangra, Himachal Pradesh. Ca. 18. Jh.
Die Ekârṇava-Flut soll am Ende der 6. Manvantara-Periode einsetzen. Das auf dem Ekârṇava-Ozean schwimmende Schiff bedeutet den für die Wiedererschaffung notwendigen aufbewahrten Samen und der Fisch das Emporsteigen des Lebens aus dem Wasser.

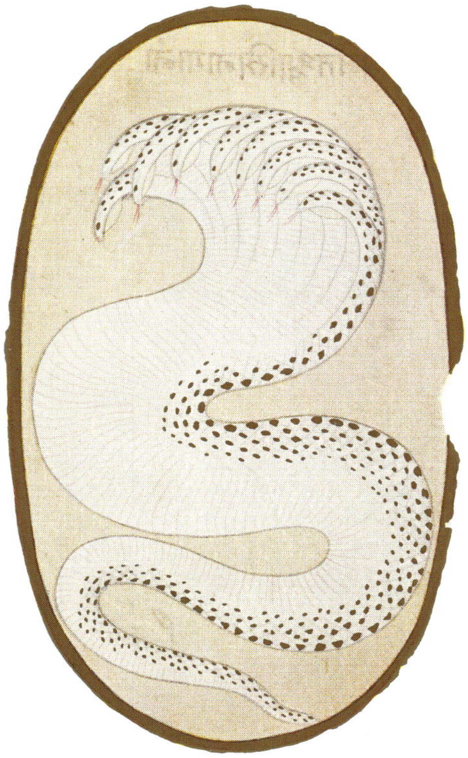

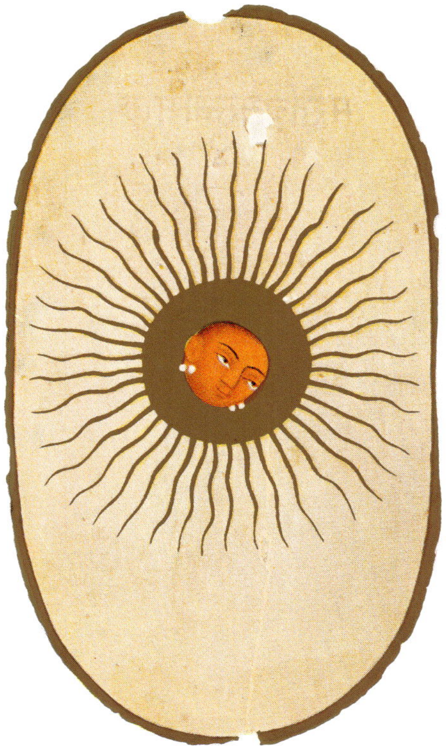

Tafel 8
Das sich ausdehnende Universum. Zeichnung. Rajasthan. Ca. 18. Jh.
Der Bindu ist ein Punkt außerhalb von Zeit und Raum. Das entweder als das Kleinste oder als allesumfassender Brahma-Sphäroid beschriebene Universum besteht aus einem weißen (śveta) und einem roten (rakta) Bindu, die eng aufeinander bezogen sind. Der Bindu ist der Ruhepunkt, aus dem Transformation und Evolution entsteht. Er ist der Beginn bei der Entfaltung des Innenraumes wie auch der Endpunkt bei dessen letzter Integration. Er ist der Grenzpunkt, dem der innere und äußere Raum entstammen und in dem sie wieder zu Einem werden.

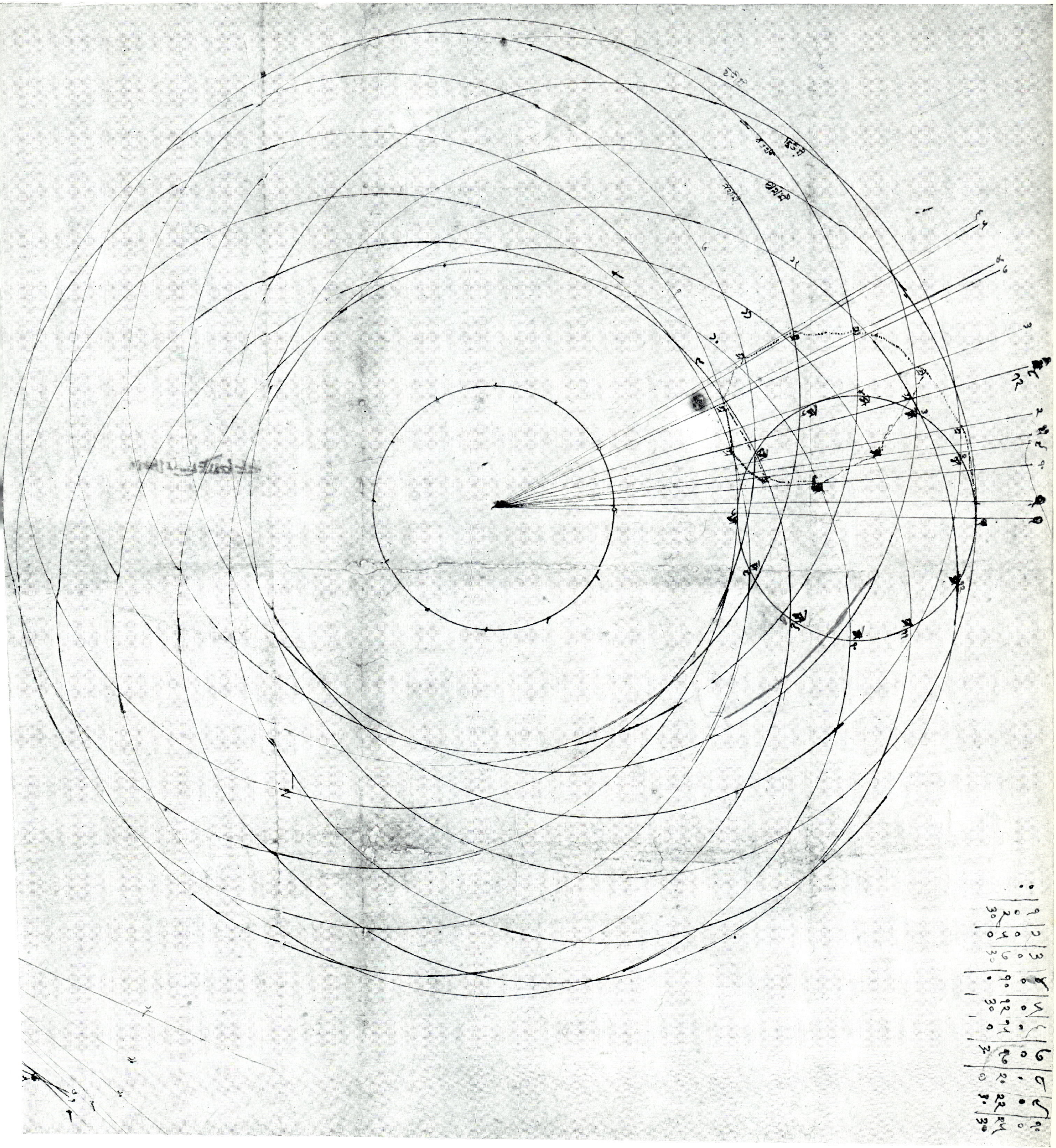

Tafel 9
Brahmâṇḍa. Stein. Ca. 17. Jh.
Nach tantrischer Lehre dehnen sich die verschiedenen Sphären des Brahmâṇḍa durch den Kosmos aus, bis sie jene transkosmische Ebene erreichen, die in die äußerste Stille, Aloka, übergeht, das Nicht-Universum, das frei ist von allen Eigenschaften (guṇa).

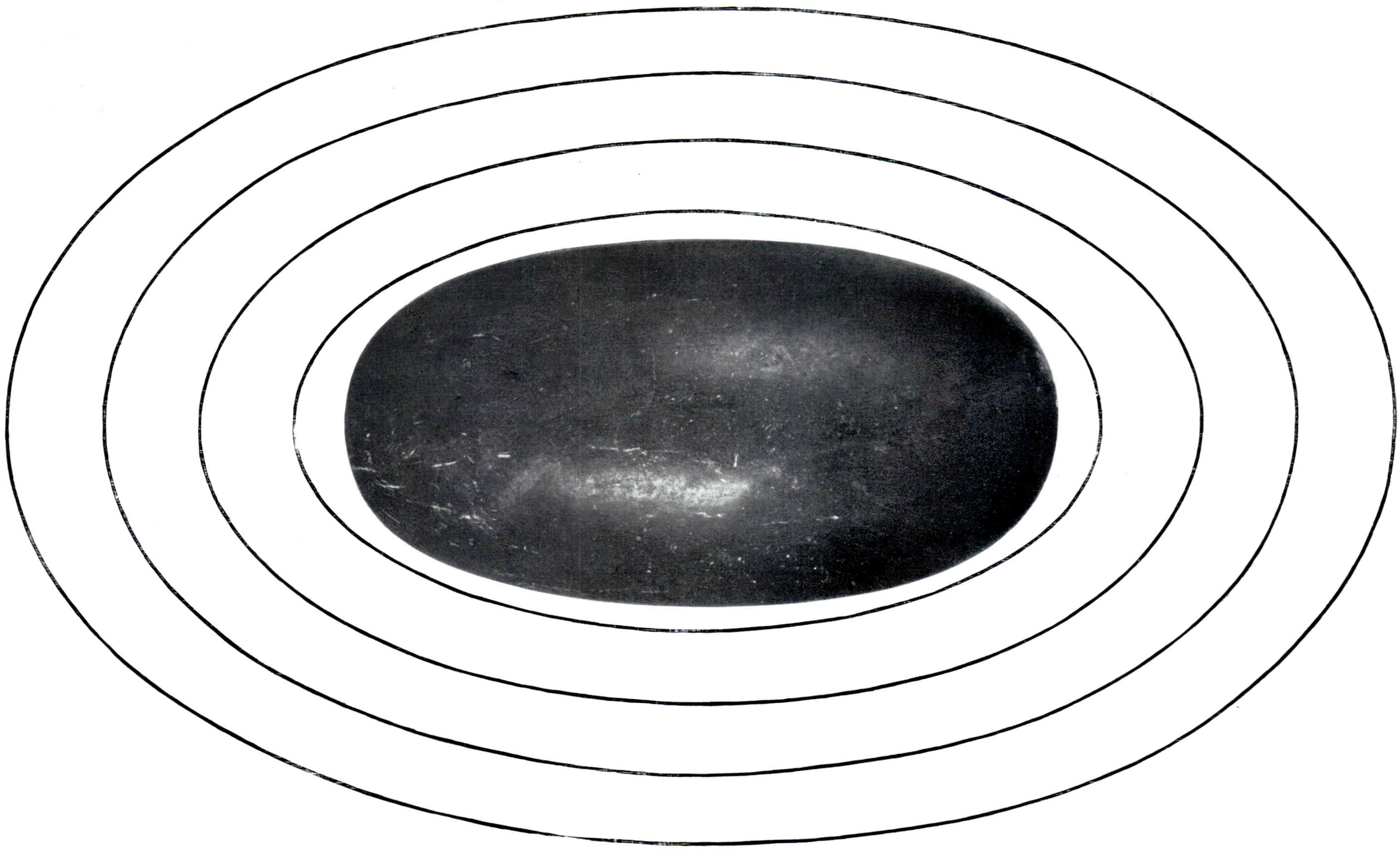

Tafel 10
Kosmogramm. Malerei. Gujarat. Aus einem Manuskript. Ca. 16. Jh.
Die Konzeption des Universums beinhaltet sowohl dessen Erschaffung wie dessen Auflösung. Brahmâṇḍa, das kosmische Ei, enthält in sich 21 Welten (loka), die in drei aufeinanderfolgenden Straten, den Drei-Welten (tri-loka), angeordnet sind.

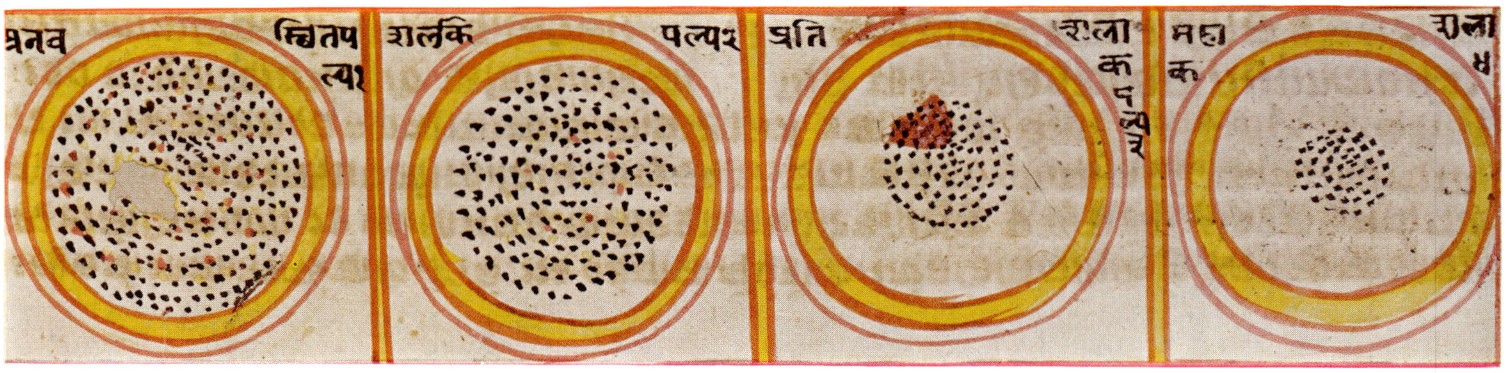

Tafel 11
Lokas. Malerei. Rajasthan. Ca. 17. Jh. Aus einem Saṃgrahaṇīsūtra-Manuskript.
Die atmosphärischen Sphären innerhalb der lunaren und solaren Bereiche.

Tafel 12
Solar-Kreis. Malerei. Rajasthan. Ca. 18. Jh.
Diese astronomischen Karten werden benutzt, um Höhe, Zenitabstand und Abweichung der Sonne zu ermitteln, die Abweichung eines Planeten oder anderer Sterne festzustellen und die Scheitelkreisgrade eines Planeten oder Sternes zu ermitteln, um ihre Position am Himmel bestimmen zu können.
Die Astronomen pflegten einen bestimmten Zeitabstand zu fixieren, von dem aus, wie von einer Wurzel, sie die Bewegungen der Sterne berechneten. Die alten Inder rechneten zu dem Zeitpunkt zurück, an dem diese Bewegungen in Konjunktion mit Aries (meṣa) gewesen sein müssen, und betrachteten dies als den Beginn der Schöpfung. Dies würde zwar eine mäßig hohe Jahreszahl ergeben, verglichen mit den ungeheuren Zeitperioden, die die alten Sanskrittexte angeben, jedoch fanden sie heraus, daß aufgrund der langsamen Bewegungsabläufe eine Länge von 1955884890 vergangenen und 2304115110 kommenden Jahren erforderlich wären, um wieder zum Ausgangspunkt zurückzukehren. Die Summe dieser beiden Zahlen bildet ein Kalpa, das sich aus den vier Zeitaltern (yuga) Satya, Treta, Dvāpara und Kali zusammensetzt, und bezeichnet die Länge eines Brahmā-Tages.

विद्द्माकृपरे॥१॥

अथग्रस्तस्नानार्थचक्रं

मेष	वृषः	मिथुन	कर्क	सिंह	कंन्या	तुला	वृश्चि	धन	मकर	कुंभ	मीन	राशि
घातः	अपायः	लाभ	सुखं	मान नाश	मृति	स्त्री पीडा	सौख्य	चिंता	व्यथा	श्रीः	क्षतिः	

क नसूतक भवतीव घाव शंकु नसुधा...
भूमिसमं दानं सर्वे ब्रह्मसमा द्विजाः सर्वं गंगासमं तोयं ग्रहणे नात्र
संशयः १ इंदोर्लक्षगुणं पुण्यं रवेर्दशगुणं तु तत् गंगातीर्थे च संप्राप्ते
प्रोक्तं कोटिगुणं भवेत् १ अथ स्नानमहात्म्यं गंगादिपुण्यतीर्थे वाथ
ग्रहणे स्नानमुत्तमम् कूपे वाप्यां तडागे वा तप्ते वोद्धृत वारिणा १ अथ
ग्रहणे वर्ज्यं॥ छेदनं न पत्रं न तृणदारपुष्पं काष्ठं न केशांबरपीडनं च दंता
नखरोध्याः परुषं न वाच्यं भोग्यं च वर्ज्यं मद नो न सेव्या १ वाहनं नाजि द्वि
रदादि किंचित् दोहनं गो जा महिषी समाजं यात्रां न कुर्याच्छयनं च
तद्वद् ग्रहे निशा भर्तुररुप्यते वा १

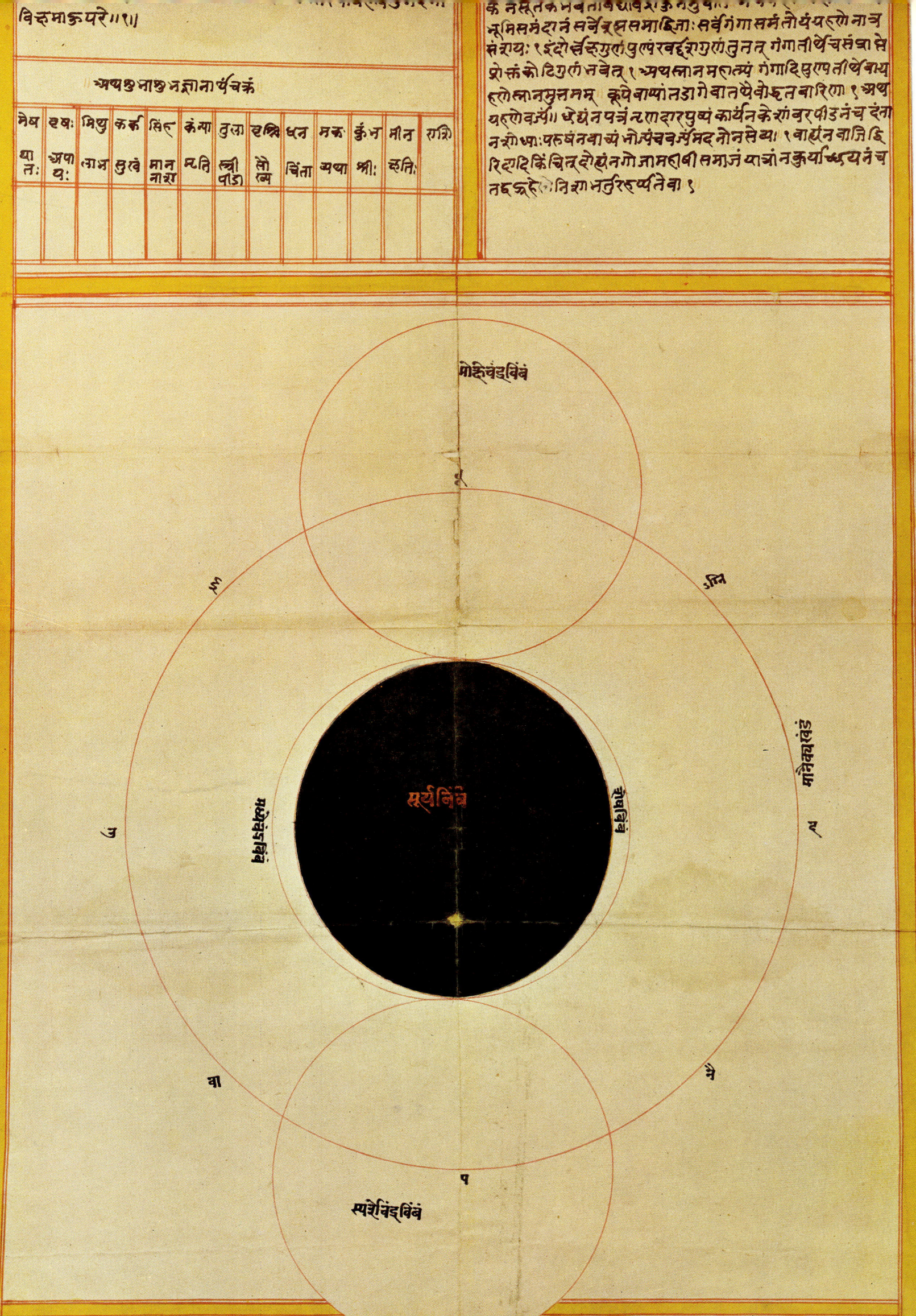

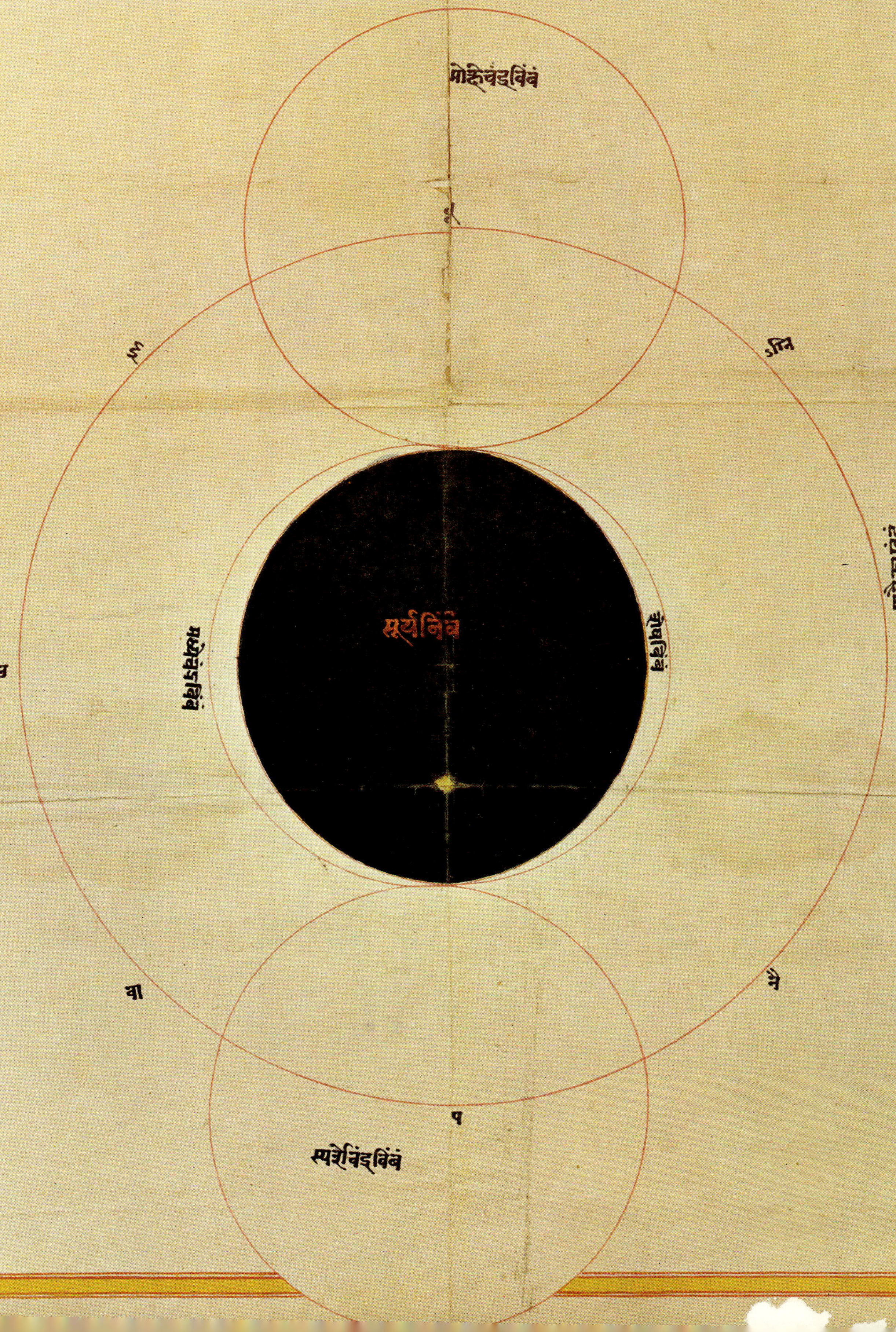

Tafel 13
Lunar-Kreis. Malerei. Rajasthan. Ca. 18. Jh.
Der Mond bewegt sich nicht genau in der Sonnenbahn, sondern ein wenig zu ihr geneigt. Die Punkte, wo diese Bahnen sich schneiden, heißen Knoten. In der alten Astronomie sind Rāhu und Ketu die aszendierenden und deszendierenden Knotenpunkte und werden auch mit bestimmten Planeten, Kometen, Meteoren und Konstellationen identifiziert.

धान्यानि न शंपंति शरज्जवानि क्षेमं प्रजानां न भवेत्कदाचित् ॥५॥ अश्मच्छ्व ॥ उदि गुलं पुष्पर वदन्त्रा गुल

नास्तमितौ ग्रस्तौ भूपान्नद्रुयकारकौ ॥ अथ वैशा
खमासे ग्रहणं तस्य फलं ॥ वैशाखमा
से ग्रहणे विनाशमायांति का
र्पास तिलाः समुद्गाः इ
क्ष्वाकयौधेयशकाः
कलिंगाः सोप
द्रवाः किंतु सु
भिक्षमस्मि
न् ॥१॥

गु॥
अथ शनिवारफलं ॥ सिंधुतीरेच सौराष्ट्रे महर्घं तिस्कं राजयं ॥ राजामंत्री विना
शश्च ग्रहणे मंदवासरे ॥१॥

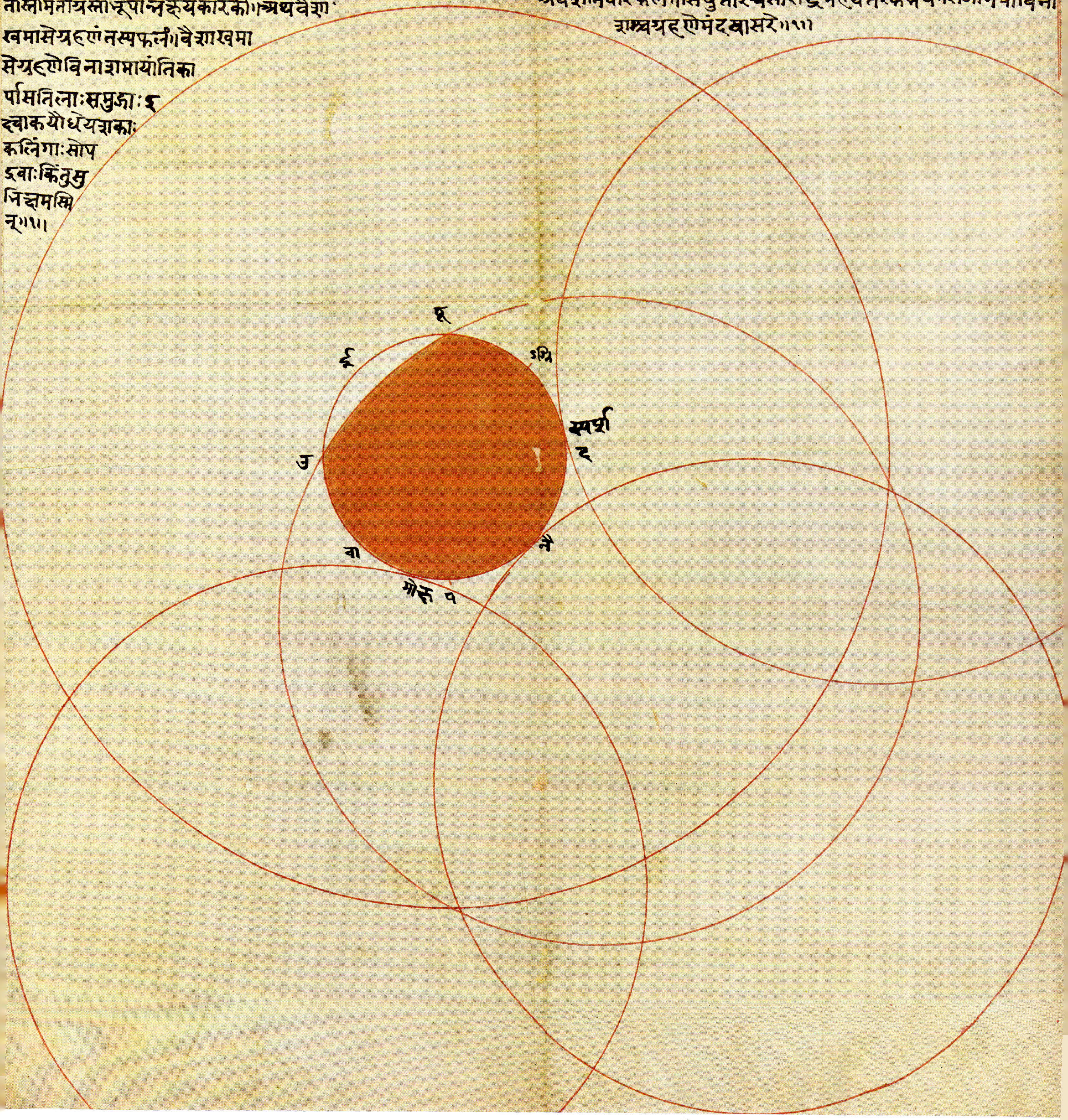

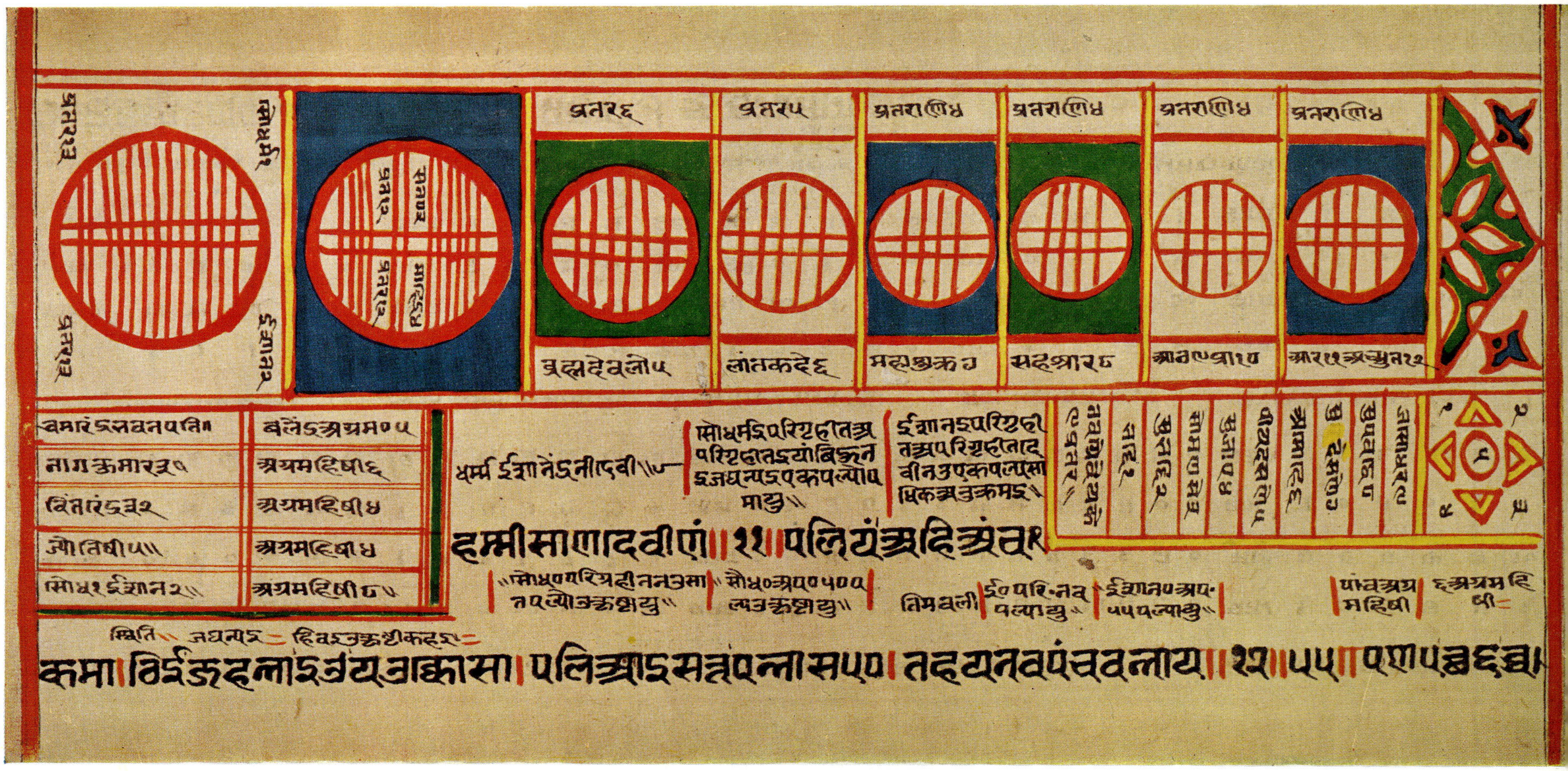

Tafel 14
Loka. Malerei. Gujarat. Ca. 1600 A.D. Aus einem Saṃgrahaṇī-Manuskript.
Einer der einundzwanzig Lokas, die das Universum mit dessen sieben Unterteilungen (sapta-loka) und deren verschiedenen atmosphärischen und irdischen Sphären ausmachen.

Tafel 15
Candra-Maṇḍala. Malerei. Rajasthan. Ca. 18. Jh.
Die frühe indische Astronomie beruhte in großem Maße auf der Astrologie, und der Terminus Jyotiṣa bedeutet beides. Die erste methodische Darstellung dieses Gegenstands findet sich in den Siddhântas, den frühen indischen Schriften über Astronomie und Mathematik.

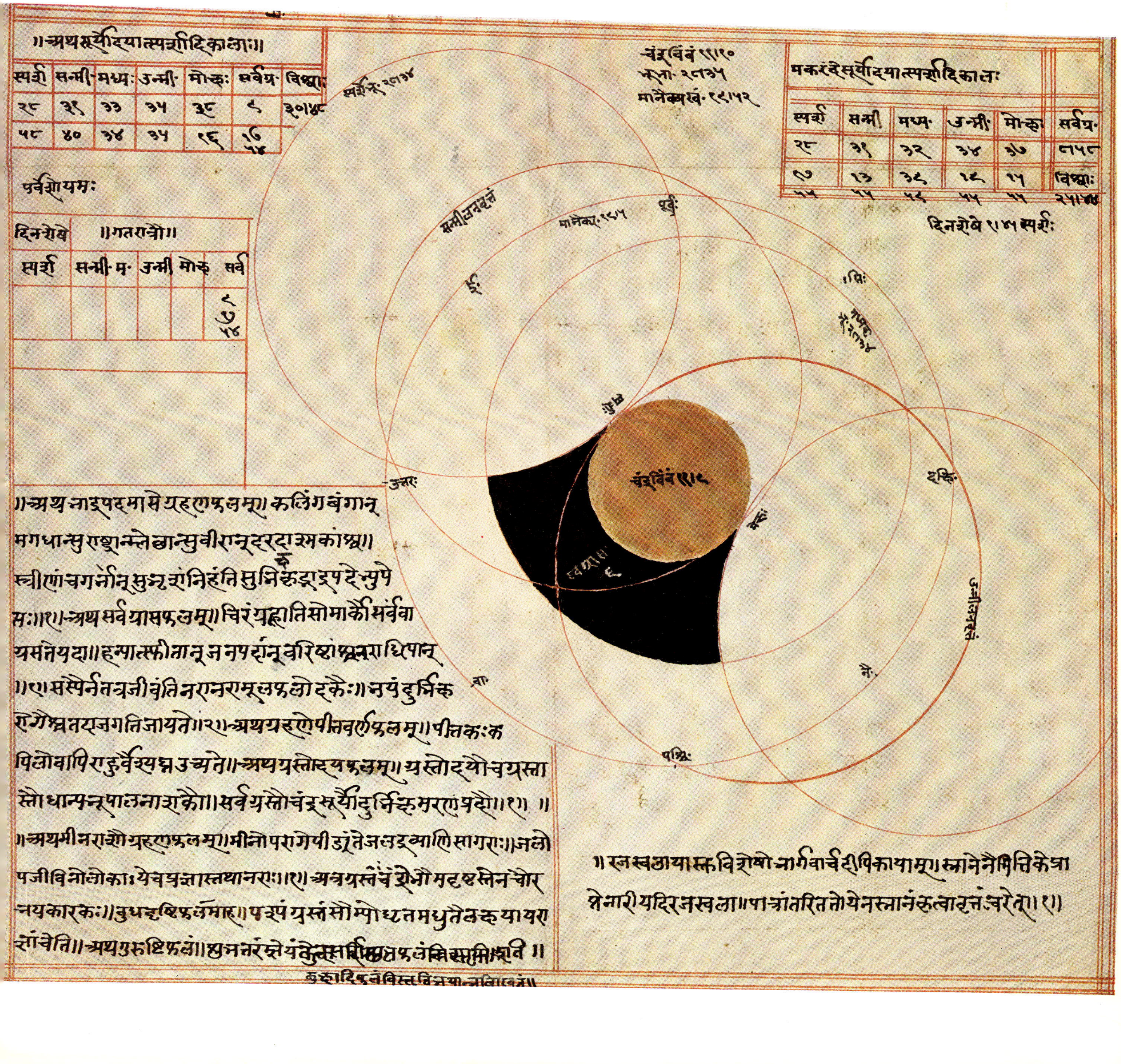

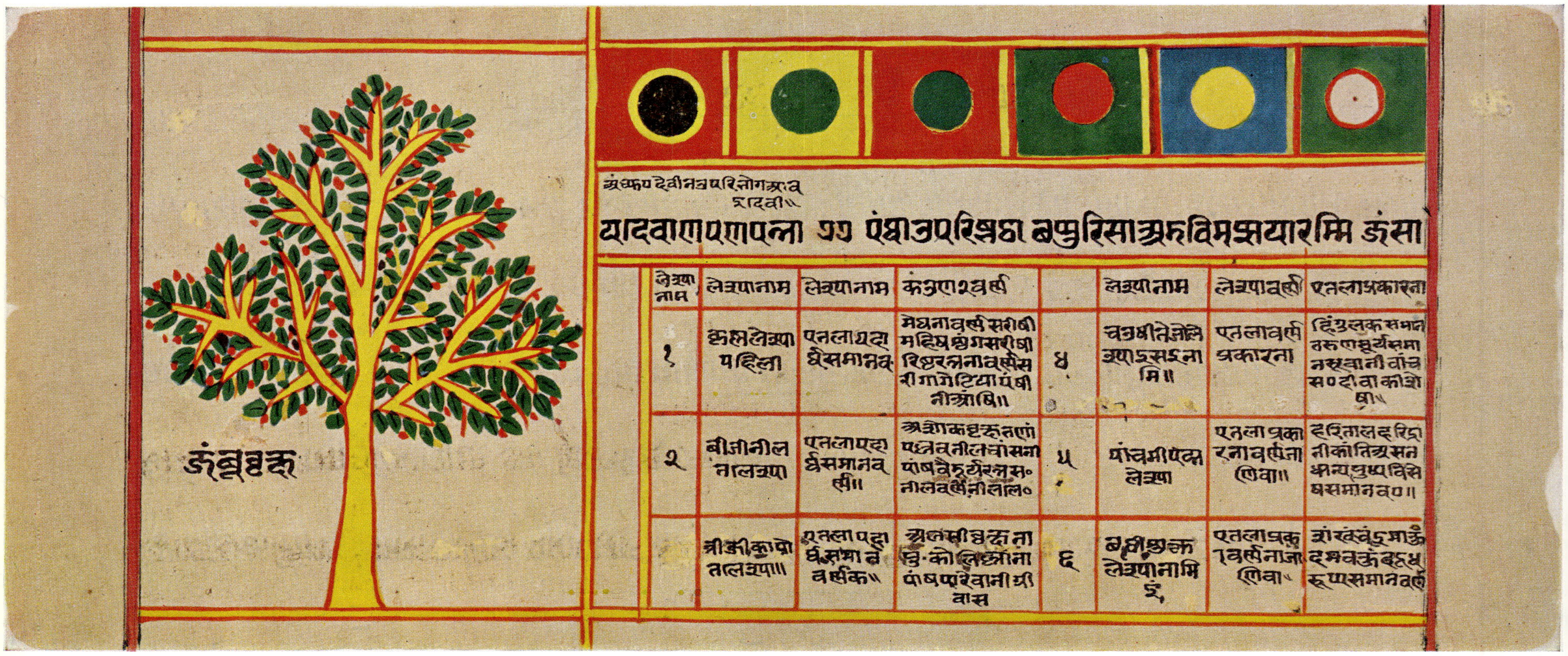

Tafel 16
Jambu-Vṛkṣa. Malerei. Gujarat. Ca. 16. Jh. Illustration zu einem Manuskript.
Der Lebensbaum Jambu-vṛkṣa ist die strahlende Manifestation der Energie. Das sichtbare Universum ist das Panorama von reflektierten, durch Licht erschaffenen und hervorgebrachten Gestaltbildern.
Kosmologische Übersichtstafel. Malerei. Gujarat. Ca. 16. Jh. Aus einem Saṃgrahaṇīsūtra-Manuskript.
Loka, das Universum, durchdringt das ganze System mit dessen Abteilungen und Unterabteilungen von atmosphärischen und irdischen Sphären. Aloka, das Nicht-Universum, das die Lokas stützt, ist mit roter Farbe dargestellt.

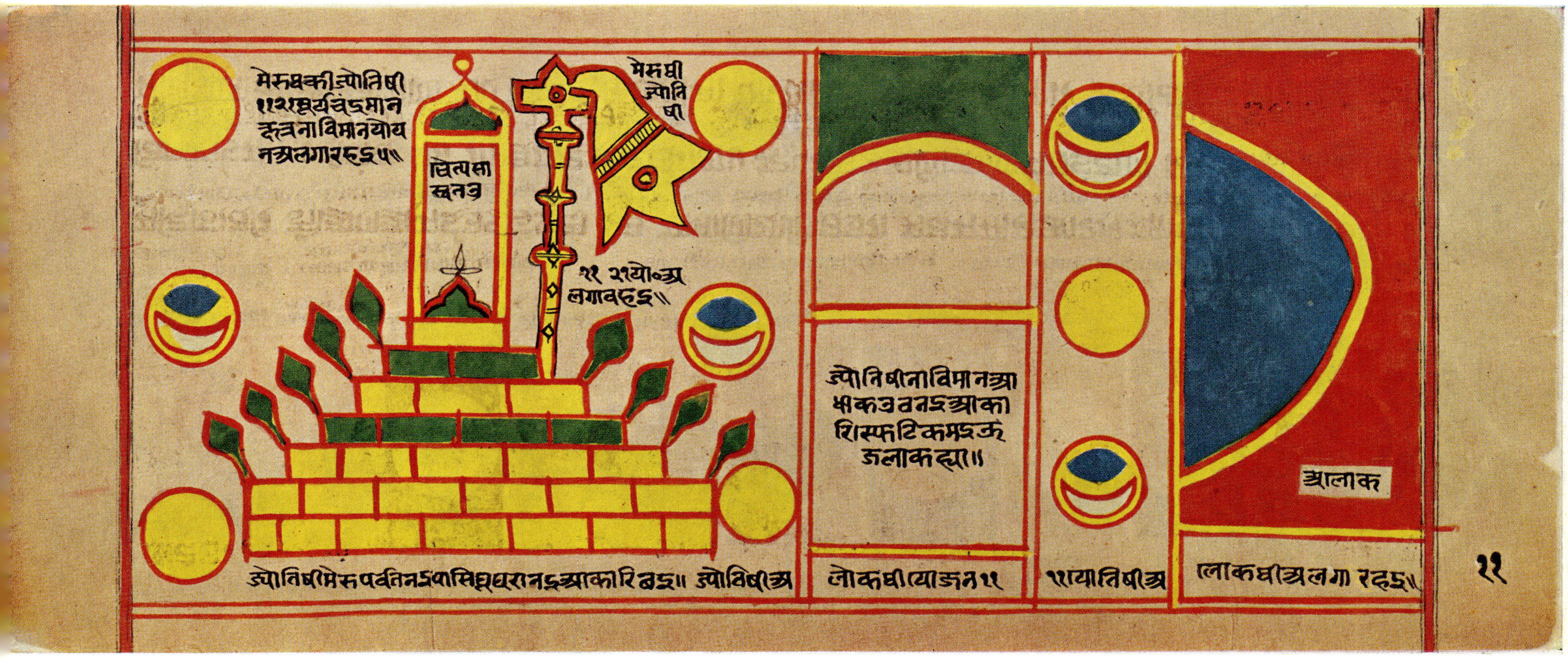

Tafel 17
Aus einem Saṃgrahaṇīsūtra-Manuskript. Kosmologische Übersichtstafel. Malerei. Gujarat. Ca. 16. Jh.
Loka, das Universum, durchdringt das ganze System mit dessen Abteilungen und Unterabteilungen von atmosphärischen und irdischen Sphären. Aloka, das Nicht-Universum, das die Lokas stützt, ist mit roter Farbe dargestellt.

dern etwas, das wiederholt zu Ende geht, um von neuem seinen Kreislauf zu beginnen. Kālī ist tiefste Dunkelheit, ein höchst konzentriertes (ghaṇībhūta) Licht, das nicht strahlt und vor dessen Hintergrund Erscheinungsformen des Lichtes sichtbar werden. Sie ist das Mutter-Prinzip, das die Entfaltung des Lebensprozesses regiert. Wenn Śakti sich öffnet, gelangt das Universum zur Existenz, und wenn sie sich schließt, löst sich das Universum auf. Denn «Ich bin, mir entstammen alle Dinge» und «in Mich zieht sich alles zurück»! Ebenso ist das kosmische Mutter-Prinzip auch in unserem Existenzverlauf allgegenwärtig, denn der menschliche Embryo ist ebenso von einer lebensspendenden Flüssigkeit umgeben wie das Weltenei, das Brahmâṇḍa, das sich in einem unendlichen Energieprozeß befindet, aus dem das Lebensprinzip seine Kraft bezieht.

In dieses Gleichgewicht der drei Eigenschaften Śaktis hinein geschieht eine heftige Spannung, eine spontane Schwingung, so stark, daß Sattva, Rajas und Tamas aufgewühlt werden. Rajas, die aktivistische Qualität, bricht aus der Harmonie aus, sobald die Dreifalt um der zu vollziehenden Schöpfung willen in Energie umgewandelt wird. Dynamische Kräfte werden frei und bringen jedwede latente Existenz im Brahmâṇḍa, dem embryonischen Zustand des Universums, in eine Bewegung, die ihrem Wesen nach ein Vorgang von Zusammenziehung und Ausdehnung ist, die Grundvoraussetzung für die Erschaffung des unsichtbaren Atoms wie der unendlichen Weite des Universums, der mikroskopisch kleinen Zelle wie auch des voll entwickelten Organismus.

Ein Abriß tantrischer Physiologie

Im menschlichen Körper gibt es mehrere Energie-Zentren, Cakras, in denen latente psychische Kräfte bewahrt werden, deren man bedarf, um die kosmischen Ebenen von Bewußtheit zu erreichen. Die wichtigsten Cakras, Tore zu einer neuen Existenz und zur Verwirklichung inhärenter Kräfte, im menschlichen Körper sind sechs an der Zahl: Mūladhāra-cakra am unteren Ende der Wirbelsäule, Svadhiṣṭhāna nahe bei den Geschlechtsorganen, Maṇipura in der Höhe des Nabels, Anâhata beim Herzen, Viśuddha in der Höhe der Kehle und Ajña zwischen den Brauen. Außerhalb des menschlichen Körpers, vier Finger breit über dem Gehirn befindet sich der siebente Cakra, Sahasrâra, vorgestellt und symbolisch dargestellt als tausendblättriger Lotus. Der Sahasrâra-cakra ist für den Tantriker die Heimstätte Śivas, der kosmischen Bewußtheit. Der unterste, der Mūladhāra-cakra, ist der Sitz von Śakti, die man sich als kosmische Kraft in Gestalt einer zusammengerollt schlafenden Schlange (kuṇḍalinī) vorzustellen hat. Letztlich ist es das Ziel des Tantrismus, Kuṇḍalinī-śakti aufzuwecken, damit sie sich mit Śiva vereine, um die höchste, intensivste Wonne (mahāsukha) zu erfahren.

Die sechs Zentren (ṣaṭ-cakras) liegen innerhalb des Meru-daṇḍa, der Wirbelsäule, nicht im materiellen Körper (sthūla-śarīra), sondern im Fein-Körper (liṅga- oder sūkṣma-śarīra). Als Vorratskammern psychischer Energien gestalten sie alle Lebensbedingungen, sind jedoch unter gewöhnlichen Bedingungen in eine Art Schlafzustand versetzt.

Vermittels genau vorbedachter meditativer Āsanas wird die Kuṇḍalinī-śakti auferweckt. Sie ringelt sich auseinander, verläßt den Mūladhāra-cakra und bricht auf ihrem Weg nach oben durch alle weiteren Energiezentren hindurch, bis sie, die Verkörperung der Śakti, in das Magnetfeld von Śiva-Bewußtheit im Sahasrâra-cakra eintritt.

Atemdisziplin ist ein wesentlicher Bestandteil des Yoga-Systems. Alle kosmischen Kräfte sind Ausdrucksformen des Prāṇa, der Lebenskraft oder des Lebensodems. Dieser ist die Gesamtsumme aller Ur-Energien. Die zentrifugalen Solar-Energien bewirken Bewußtheit, während die zentripetalen Lunar-Energien die unterbewußten Kräfte des Geistes gestalten. Diese Kräfte strömen durch den menschlichen Körper als psychische Energien entlang den zwei Hauptkanälen, der weißfarbigen lunaren Iḍā-nāḍi, dem Feinnerv auf der linken Seite, und der rotfarbigen solaren Piṅgala-nāḍi auf der rechten Körperseite. Die beiden Kanäle laufen entlang der Suṣumnā-nāḍi, dem feuerfarbigen mittleren Feinnerv, um sich schließlich zwischen den Augenbrauen mit der Suṣumnā zu verbinden.

Die einander ergänzenden solaren und lunaren Energien werden durch eine gegenseitige Wechselwirkung sublimiert und erreichen am Ende ihrer Bahn durch alle Zentren hindurch den Sahasrâra-cakra. Der Yogī vermag es, die entgegengesetzten Funktionen der beiden Kanäle Iḍā und Piṅgala zum Stillstand zu bringen, indem er sie vermittels einer Yogaübung, genannt Kumbhaka, mit der Suṣumnā vereint. Auf diese Weise wird der Geist des Strebenden zur Ruhe gebracht, sein Atem setzt aus, er hat nunmehr seine Sinne unter Kontrolle und erreicht das höchste Ziel, Samādhi, den Zustand kosmischer Bewußtheit.

Zwischen der Bewegung der Lebenskräfte, dem Geist und der kreativen Energie besteht eine so enge Beziehung, daß das Zur-Ruhe-Kommen der einen Komponente ein Aussetzen der beiden anderen bedeuten würde. Spirituelle Disziplin (tantra-sādhana) vollbringt man innerhalb des Fein-Körpers, durchdringt dabei psychische Zonen, aktiviert die Tiefen des Unbewußten, das schlafend im Unerweckten ruht.

Der Atemzyklus eines jeden Individuums reagiert dynamisch auf die latente Kuṇḍalinī. Diese Reaktion geht im Durchschnitt 21600 mal am Tage vor sich, das entspricht mehr oder weniger der Zahl der Atemzüge. Bei der Mehrheit der Menschen sind diese Atemzüge jedoch zu flach und schnell und füllen die Lungen nur zu einem Bruchteil ihrer Aufnahmefähigkeit. Unter solchen Bedingungen reicht der Energiestrom, der mit dem Atemzug abwärts fließt, nicht aus, die Kuṇḍalinī zu erwecken.

Das höchste Ziel der Atemtechnik ist es, den aufwärtssteigenden Atemzug, den Prāṇa, zu zwingen, abwärts zu strömen und die Kuṇḍalinī aufzustacheln, während gleichzeitig der Abwärts-Atemzug, der Apāna, aufwärts steigt. Durch die Umkehrung der beiden Winde in ihre entgegengesetzten Richtungen und ihre Verbindung im Maṇipura-cakra nahe des Nabels entsteht eine gewaltige psychische Hitze, die anzeigt, daß die Kuṇḍalinī im Aufsteigen begriffen und in die Suṣumnā eingedrungen ist. Sie gewinnt dann an Geschwindigkeit und ist bereit, sich im Sahasrâra-cakra mit Śiva zu vereinigen.

Jeder Impuls, jede Funktion und jede Wonne wird zu Śiva-Śakti. Der Fusion von Polaritäten auf der kosmischen Ebene entspricht auf biologischem Niveau die sexuelle Vereinigung. Der Yogī und die Yoginī setzen den sexuellen Drang in Energie um, bis im totalen Ausgleich von Fleisch und Geist nichts mehr an Grobem und Sinnlichem übrigbleibt. Diese Integration ist wesentliche Voraussetzung, will man die Fülle des Lebens erfahren.

Durch Tantra-āsana befreien wir uns vom Sex vermittels des Sex' hin zu einer Ebene kosmischer Bewußtheit. Das Āsana ist selbst ein Mittel, die Reine Wonne (ānanda) auszudrücken, in der der Andächtige wahrnimmt, daß alle Elemente und Kräfte des Universums in ihm sind.

Bei der Ausführung eines Tantra-āsana ist höchste Genauigkeit Grundvoraussetzung, denn nur dann, wenn der Körper vollkommen eingestimmt ist, kann er die volle Intensität dieses kosmischen Zustands erfahren und ertragen. Tantra lehrt uns nicht, das Sinnen-Potential zu unterdrücken, sondern zu verwirklichen und nutzbar zu machen. Der alles-durchdringend drängende sexuelle Instinkt ist die physische Voraussetzung der Schöpfung und Entwicklung der Menschheit. Sex ist im kosmischen Bereich die Vereinigung von Gegensätzen, aus der alles und jedes entspringt. Ihre Bedeutung macht ihre Ausführung zwingend.

Tantra betont, daß der Unterschied zwischen Anorganischem und den geistigen Phänomenen nur graduell, nicht essentiell ist. In unserer Welt unterschiedlichster Dinge gibt es abgestufte Grade der Manifestation der Bewußtheit. Das Universum tritt uns in jedem Sandkorn entgegen.

Auf körperlicher Ebene ist Āsana eine Festlegung auf einen bestimmten Punkt. Und so wie die Konzentration auf ein Objekt den abschweifenden Geist fixiert, beendet Āsana die Beweglichkeit des Körpers, indem es eine Anzahl möglicher Positionen auf einen Archetyp reduziert.

Die psychische Entsprechung dieses körperlichen Ineinander ist eine Fusion der Geister, ein psychischer Austausch, hervorgerufen durch die sexuelle Durchdringung; jedoch nur dann, wenn keinerlei Versuch unternommen wurde, durch genitale Reibung den Orgasmus herbeizuführen. Eben diese Vereinigung stellt die große Befreiung dar und führt zu kosmischer Bewußtheit, nicht der körperliche Akt sexueller Vereinigung, die dem groben Körper vorbehalten ist.

Verläßt die sexuelle Energie ihren gewöhnlichen Aufenthaltsort und steigt aufwärts auf eine höhere Ebene, wird sie zu reiner Energie. Im normalen Leben glaubt man, die höchste Intensität von Wonne durch sexuelle Befriedigung erlangt zu haben. Zwischen diesem augenblicksbegrenzten groben Vergnügen und der Wonne der Vereinigung ist jedoch ein gewaltiger Unterschied. Die Depression, die oft der nur teilweisen sexuellen Befriedigung folgt, steht in scharfem Gegensatz zur Ekstase, die man durch tantrische Praktiken durchlebt.

Das tantrische Ritual

Das tantrische Ritual wird mit einem Partner des anderen Geschlechts ausgeführt, wobei der weibliche Partner als Verkörperung von Śakti, dem aktiven weiblichen Prinzip, anzusehen ist. Wo auch immer das weibliche Prinzip in einem lebenden Wesen angetroffen wird, hat man das Potential des Kosmos vor sich. Devī ist mit all ihren Attributen in ihr. Oder wie Tantra es ausdrückt: «Wo man die Füße einer Frau erblickt, sollte man sie wie einen Guru verehren»!

Die Einführung in tantrische Riten geschieht am besten durch eine Bhairavī. Sie oder ein Guru vermag vorauszusehen, ob der Schüler genügend vorbereitet ist, diesen machtvollen Akt auszuführen. Denn ein Erfolg hängt von der Reinheit des Körpers, Geistes und der Seele ab. Darüber hinaus kennt der Lehrer die Lakṣaṇas oder Körpermerkmale, die anzeigen, für welchen Ritus sich der Adept am besten eignet und welche Art der Meditation die erwünschten Ergebnisse zeitigen kann. Das erfordert einen langen Prozeß der Vorbereitung, und über Jahrhunderte hinweg ist in Indien eine ganze Wissenschaft entstanden, die einen Stufenplan praktischer psycho-physischer Exer-

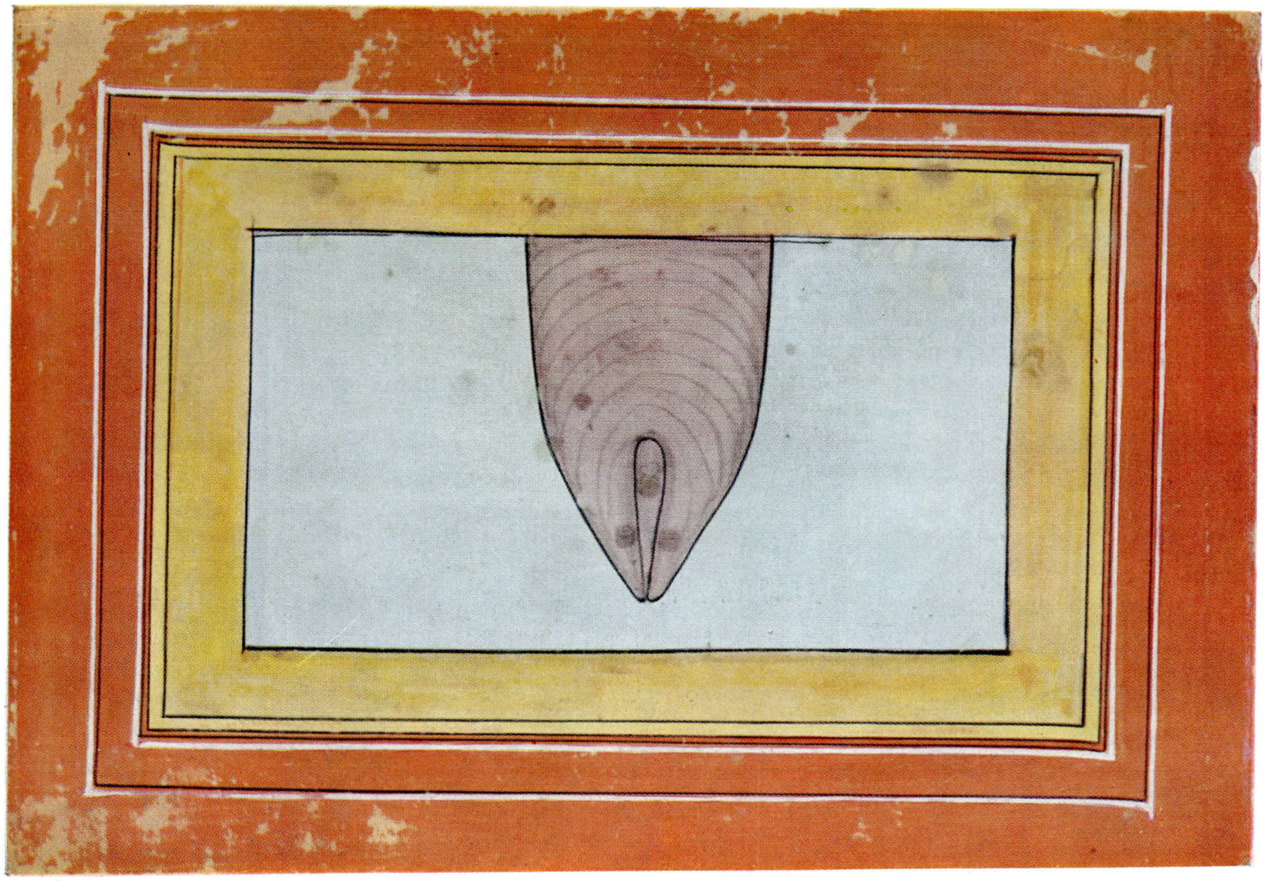

Tafel 18
Das Mondhaus Bharaṇī. Malerei. Rajasthan. Ca. 18. Jh.
Bharaṇī ist eines der Mondhäuser, das – nach dem Text der Ratnamālā – mit seinen drei Sternen Yoni repräsentiert. In einem anderen Sanskrit-Text, der Darstellungen derselben Sternbilder enthält, setzen die Astronomen dreizehn Grad und zwanzig Minuten für jedes der siebenundzwanzig Mondhäuser (nakṣatra) an. Die Zahl der Sterne in jeder der siebenundzwanzig Sterngruppen wird wie folgt beschrieben: «Drei, drei, sechs; fünf, drei, eins; vier, drei, fünf; fünf, zwei, zwei; fünf, eins, eins; vier, vier, drei; elf, vier, drei; drei, vier, einhundert; zwei, zwei, zweiunddreißig. So werden die Sterne der Mond-Konstellationen, ihrer Ordnung nach, von den Weisen gezählt.»

Tafel 19 →

← Tafel 19
Astronomische Berechnung. Malerei. Kangra, Himachal Pradesh. Ca. 18. Jh.
Die Gelehrten der klassischen indischen Astronomie sind der Auffassung, wäre am Anfang der Schöpfung, als die Planetenbewegungen begannen, eine Linie vom Äquinoktialpunkt Laṅkā durch den Mittelpunkt der Erde gezogen worden, würde diese in ihrer Verlängerung durch den Mittelpunkt der Sonne und der Planeten auf den ersten Stern des Sternbildes Aries getroffen sein. Die Annahme einer solchen Ausgangssituation erlaubt die Berechnung der Umdrehungen der Planeten, deren Zahlenverhältnis zu den Tagen, die eine Sonnenumkreisung dauert und damit die Abstrahierung der Sternenbewegungen in astronomisch-graphischen Darstellungen.

Tafel 20
Jambu-Dvīpa. Malerei. Rajasthan. Ca. 18. Jh.
Die Lage des Kontinents Jambu-dvīpa in Bezug zum Universum ist für die tantrische und puranische Kosmologie von größter Bedeutung. In der gesamten kosmografischen Konzeption ist der symbolische Berg Meru Mittelpunkt des Universums, der von der Region Ilāvṛta umgeben ist. Jenseits von Ilāvṛta liegt Jambu-dvīpa, umgeben von konzentrischen Kreisen. Auf vorliegender Abbildung sind letztere mit Lebenssymbolen ausgeschmückt. Jenseits des äußersten Kreises liegt die Sphäre von Lokâloka (Welt-Nichtwelt), die das Sichtbare vom Unsichtbaren trennt.

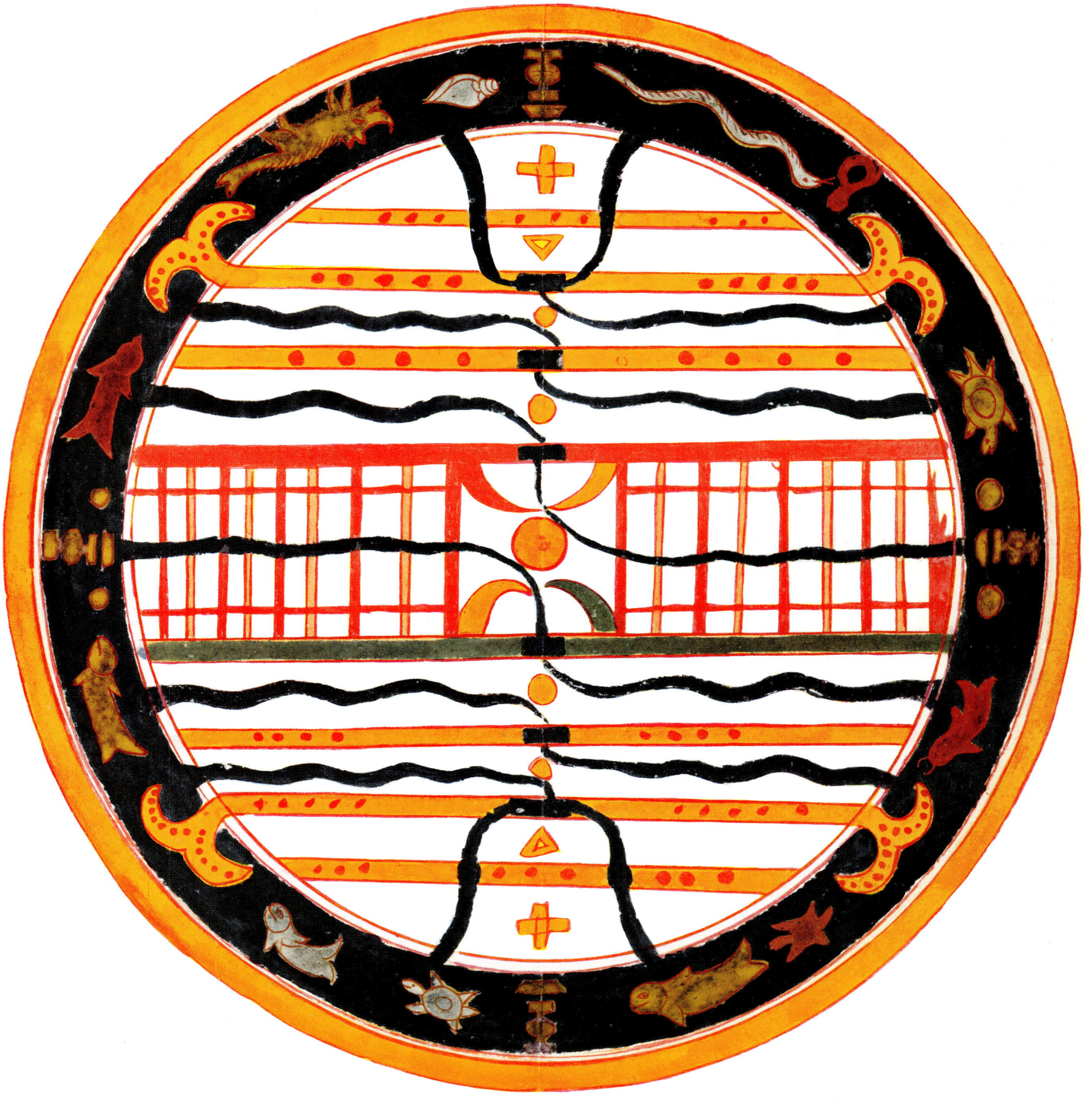

Tafel 21

Mahāliṅga-Maṇḍala. Malerei. Rajasthan. Ca. 18. Jh.

Der Śiva-liṅga symbolisiert die kosmische Form des alles-durchdringenden Raumes. Man zählt in ganz Indien zwölf echte Jyotirliṅgas, die als besonders heilig angesehen und entweder nach ihrem Standort oder mit anderen Bezeichnungen benannt werden. Letztere sind häufig andere Namen des Gottes Śiva. Der Name Śiva, der Rote, soll sich vom tamilischen Wort für «rot» ableiten, so wie die vedische Bezeichnung Rudra für Śiva ebenfalls «rot» heißt. Śiva soll insgesamt 1008 Namen haben, von denen Nandikêśvara, Vāmadeva, Mahākāla, Rudra, Bhairava und Aghora in diesem Maṇḍala wiedergegeben sind.

महालिंग१६०
विघ्नेश्वरः
भवः
वीरभद्रः
शर्वः
५वामदेवः
५सद्योजातः
५अघोरः
नंदिकेशः
महान्
रुद्रः
शिवात्मकः
भैरवः
चंडेश्वरः
ईशानः
उग्रः
महाकालः
त्रिशूल
ईशानदेवः
कुबेरः
यमः

Tafeln 22–24
Brahmâṇḍa. Stein. Zeitgenössische Darstellung zeitloser traditioneller Form.
Der Ur-Anstoß der Schöpfung bildete den Hiraṇya-garbha, den «goldenen Foetus», ein goldenes kosmisches Ei, das auf der Oberfläche der Ur-Wasser schwamm. Das Ei teilte sich dann in zwei Teile und bildete die 21 Regionen des Kosmos. Einige Schulen der Hindu-Philosophie postulieren die Existenz der Ur-Materie (prakṛti), aus der die Welt gemacht oder entwickelt wurde. Das Prapañcasāra-Tantra sagt aus, Prakṛti durchdringe das Brahmâṇḍa als Laut. Dieser Laut, Śabda, erzeugt eine Schwingung, die jede Form erzeugt, erhält und zerstört.

Tafel 25
Sahasradala (Ausschnitt). Aus einem illustrierten Manuskript. Nepal. Ca. 1760 A.D. Bharat Kala Bhavan, Benares.
Das Symbol des tausendblättrigen (sahasradala) Lotus, oberhalb des Kopfes lokalisiert gedacht, soll die Gloriole der Großhirnrinde darstellen. Wenn die Kuṇḍalinī aus dem Mūladhāra-cakra aufbricht, um sich den Weg durch die anderen fünf Cakras im menschlichen Körper zu bahnen, vereinigt sie sich zuletzt im Sahasrâra-cakra mit ihrem Puruṣa. Dabei endet jede Dualität. Auf der Abbildung repräsentiert das rote Dreieck das weibliche und aktive, das weiße Dreieck das männliche und statische Element.

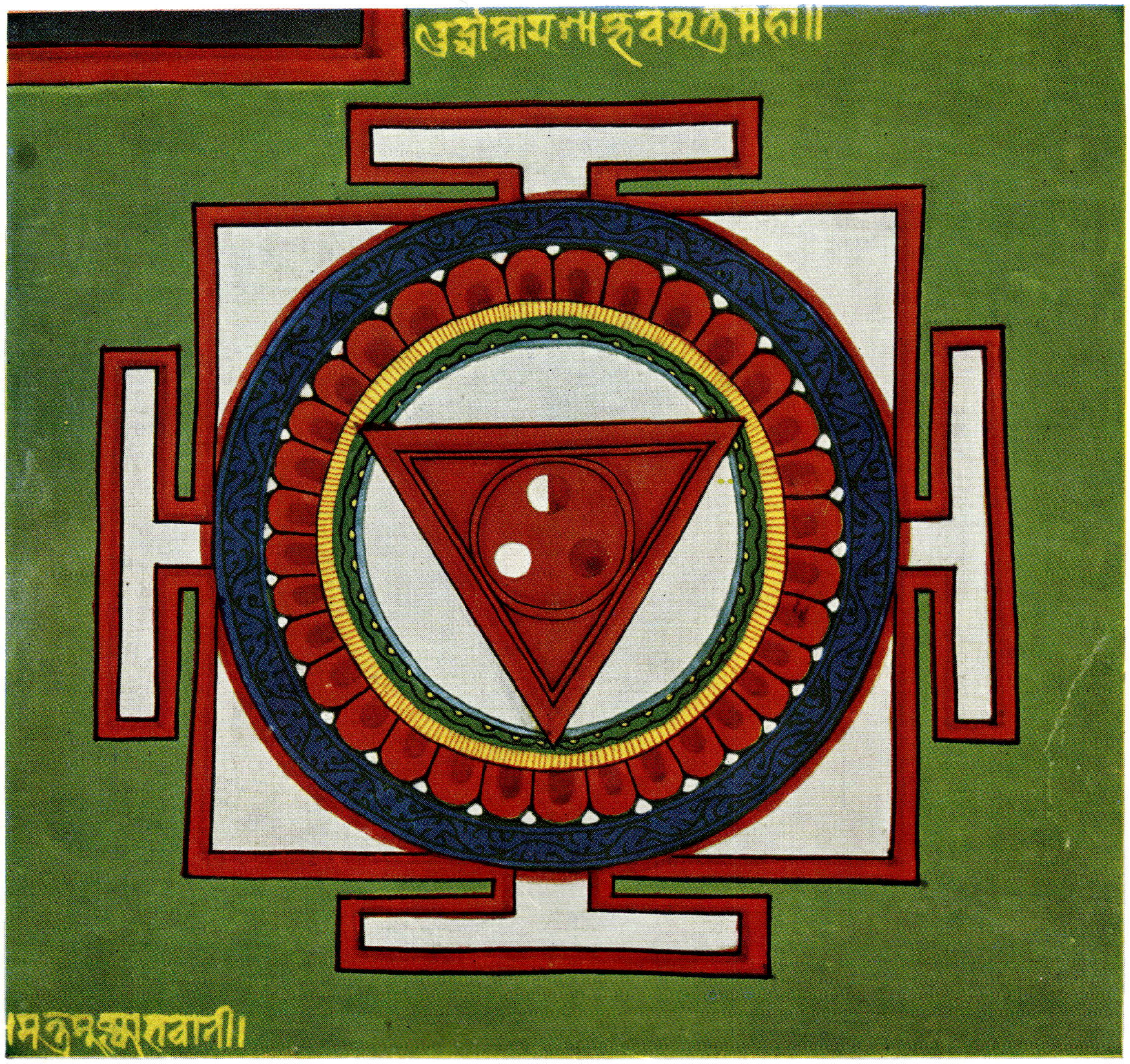

Tafel 26
Śambhu-Yantra. Malerei. Aus einem illustrierten Manuskript. Nepal. Ca. 1760 A.D. Bharat Kala Bhavan, Benares.
Die Dualität, die in diesem Yantra vorherrscht, manifestiert sich als Śiva-Śakti, oder Puruṣa-Prakṛti, als Gleichgewicht von Form und Energie. Dieser dualische Charakter deutet sich durch weiße und rote Bindus an, das männliche und weibliche Wesen symbolisierend. Der Bindu trägt in sich die Samen der Zukunft, ihrer vielfältigen Potentialitäten, hier symbolisch dargestellt durch die Kombination weißer und roter Halbkreise. Der Bindu enthält in sich die beiden Pole Null und Unendlich. Seine inhärente Energie ist das Alaya-vijñāna oder das Beinhalten aller Dualitäten und Polaritäten von Subjekt und Objekt, Anfang und Ende, mit und ohne, männlich und weiblich. Für den tatsächlichen kreativen Prozeß muß sich der Bindu jedoch über die Dualität hinaus zum Trikoṇa entfalten, dem Dreieck, der ersten geradlinigen Figur, die eine Dimension definiert.

Tafel 27
Liṅga und Yoni. Malerei. Kangra, Himachal Pradesh. Ca. 18. Jh.
Śiva ist Symbol für das eigenschaftslose Eine, das Aśabda-brahman, Śakti, als Śabda-brahman, für den schöpferischen Impuls im kosmischen Prozeß. Liṅga ist nach dem Skanda-Purāṇa die Bezeichnung für den Raum, in dem das ganze Universum im Prozeß von Bildung und Auflösung begriffen ist. Śiva-liṅga, der alles-durchdringende Raum, symbolisiert damit eine kosmische Form. Gaurīpaṭṭa oder Mahāmāyā oder Yoni repräsentiert die Ur-Kraft (ādya-śakti), die Kraft zur Manifestation, die Ur-Wurzel oder Quelle der Objektivation. Von daher ist Liṅga-Yoni die Verkörperung sowohl von Inaktivität wie auch Aktivität.

Tafel 28
Śiva-Liṅga. Polierter Stein. Gudimallam, Tamilnadu. 1. Jh. v. Chr. Photo: Archaeological Survey of India.
Anderthalb Meter hoch repräsentiert das Śiva-liṅga samt einer im unteren Teil ausgehauenen Śivafigur die kosmische Form, die das ganze Universum durchdringt, aber auch im menschlichen Körper im Mūladhāra-cakra als Svayambhū-liṅga präsent ist, umgeben von Kuṇḍalinī-śakti, der schlafenden Lebensenergie.

Tafel 29

Caitanyas Fahnenstock. Messing. Nabadwip, West-Bengalen. Ca. 17. Jh.
Der Fahnenstock, den Gott Caitanya symbolisierend, wird von den Gläubigen der viṣṇuitischen Sekten bei religiösen Prozessionen mitgeführt.

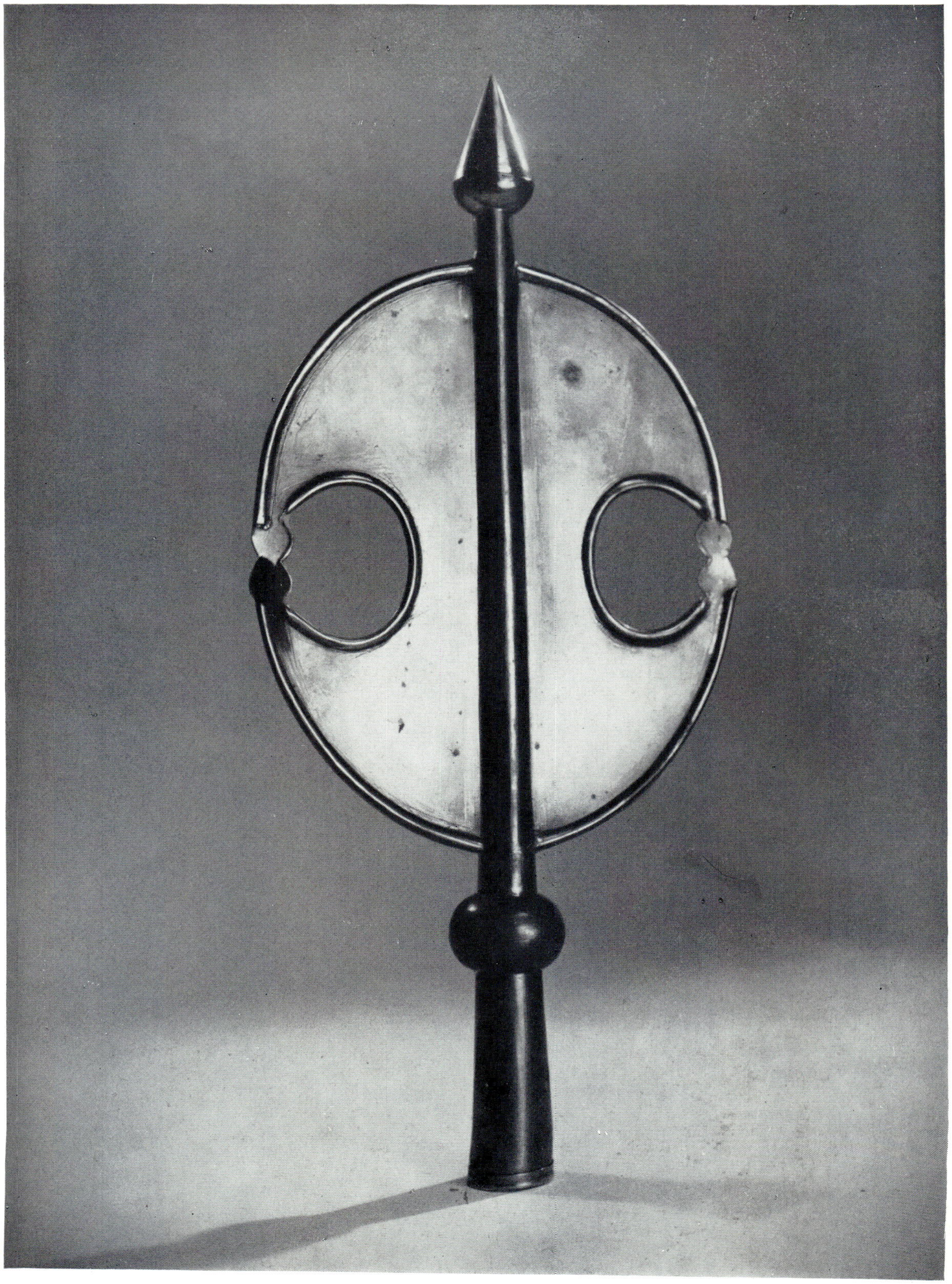

Tafel 30
Ekapāda. Stein. Causaṭhī-Yogini-Tempel, Hirapur, Orissa. Ca. 11. Jh. Photo: Archaeological Survey of India.
Die Einswerdung von Śiva und Viṣṇu wird als Aja Ekapāda (einfüßige Gottheit) dargestellt. Der aufgerichtete Phallus (ūrdhvaliṅga) bedeutet, daß er mit der alles-durchdringenden Kraft des Universums wesenseins ist.

Tafel 31
Hari-Hara. Malerei. Basholi, Jammu-Kaschmir. Ca. 17. Jh.
Im Pañcâyatana-Ritual vereinigt sich Viṣṇu (Hari), der Erhalter, mit Śiva (Hara), dem Zerstörer, um den ewig währenden Zyklus von Geburt und Wiedergeburt zu symbolisieren.

Tafel 32
Hari-Hara-Maṇḍala. Malerei. Rajasthan. Ca. 18. Jh.
Die der Vereinigung von Hari und Hara, von Viṣṇu und Śiva zugrundeliegende Idee soll unter Hinzutreten des Wissens von Brahmā zur vollkommenen Synthese führen. Letztere wird symbolisiert durch einen quadratischen Bindu im Zentrum, der von 84 Yoginī-Kraftfeldern umgeben ist.

Tafel 33
Viṣṇu-Padas. Malerei. Rajasthan. Ca. 18. Jh.
Die Füße Viṣṇus symbolisieren die Einheit des ganzen Universums. Alle Elemente des Universums werden durch die verschiedenartigsten Glückszeichen dargestellt, die die vielen Aspekte des Letzten Einen andeuten sollen. Da grundsätzlich alle Dinge eins sind, nur Bruchteile der Höchsten Einheit, werden sie als Symbole oder Embleme einer höheren Realität angesehen.

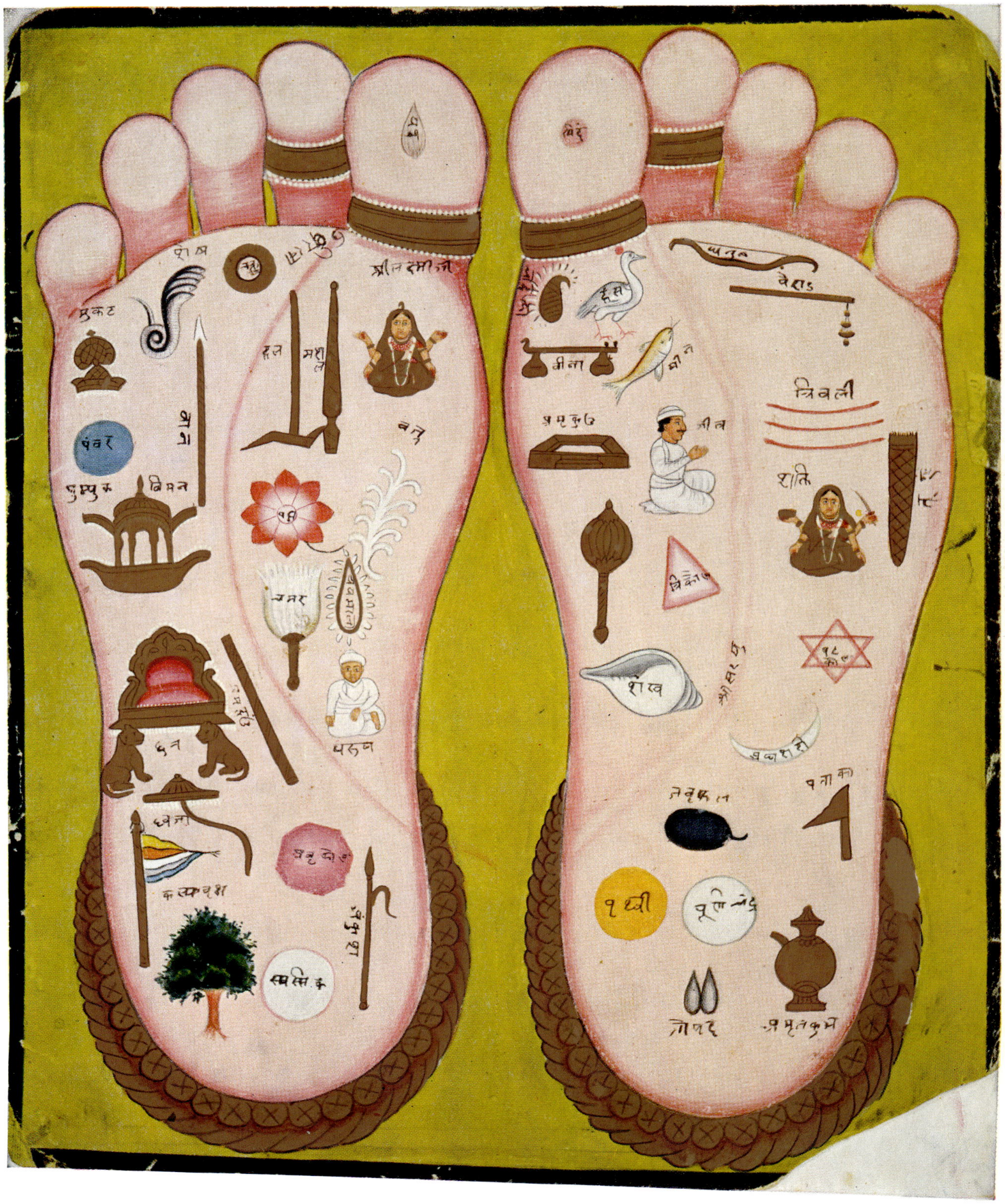

Tafel 34
Nāga-Liṅga. Zeichnung. Rajasthan. Zeitgenössische Darstellung zeitloser traditioneller Form. Photo: Archaeological Survey of India. Dieser Yantra-Typus, auch allgemein unter dem Begriff Paglya bekannt, ist ein charakteristisches Beispiel für Maṇḍana-(Maṇḍala-?) Zeichnungen. Es besteht eine enge Beziehung zwischen kosmischer Schöpfung und dem Urtrieb von Mann und Frau, in dieser Abbildung symbolisiert durch die Schlangen-Kraft. Die Unterschiede zwischen dem Makrokosmos und dem Mikrokosmos werden durch Vereinigung aufgelöst.

Tafel 35
Ardhanārîśvara. Malerei. Kangra, Himachal Pradesh.
Ca. 18. Jh.
Die aus Śiva und Pārvatī zusammengesetzte Halb-Mann-halb-Frau-Figur deutet an, daß männliche und weibliche Elemente in beiden sich im Gleichgewicht halten. Unsere völlige Befreiung hängt vom Erfassen dieses Tatbestandes ab.

Tafel 36
Viṣṇus Anantaśayana. Malerei. Kangra, Himachal Pradesh. Ca. 18. Jh.
Am Ende des Mahāpralaya, der Großen Auflösung, ruht Viṣṇu als Unendliches Wesen auf der Schlange Ananta oder Ādiśeṣa in einem Zustand kosmischen Schlafes (yoga-nidrā). Aus Viṣṇus Nabel entspringt ein Lotus, auf dem Brahmā, der Schöpfer, sitzt und die beiden zerstörerischen Kräfte Madhu und Kaiṭabha in den chaotischen Wassern des aufgelösten Kosmos in Schach hält. Währenddessen nimmt Mahādevī, ausgestattet mit allen Kräften (śakti), eine Gestalt an, die andeuten soll, daß die Auflösung des Kosmos in Wirklichkeit der Beginn seiner Erschaffung ist.

zitien vorsieht. Der Weg zur endgültigen Befreiung besteht in der Erlangung der Erkenntnis, daß es kein Wesen oder Ding im Kosmos gibt, von dem wir uns als getrennt betrachten können.

Ein Tantriker kann jede Frau für sein Āsana erwählen, ohne Rücksicht auf Verwandtschaftsgrade, denn jedwede menschliche Beziehung ist nach tantrischem Denksystem lediglich eine gedankliche Konstruktion. Besonders geeignet sind jedoch die Wäscherin, ein Mädchen der Dom-Kaste oder eine Tänzerin. Rituelle sexuelle Vereinigung kann man auch mit der eigenen Frau (saha-dharmaṇī) vollziehen wie auch mit der Frau eines anderen (pārakīyā). Eine junge Frau (yuvatī), eine Taruṇī, ein junges Mädchen, eine Sechzehnjährige (ṣoḍaśī) oder eine Jungfrau (kumārī) werden im allgemeinen schon wie eine Verkörperung der Devī behandelt und dementsprechend auch hier verehrt.

Von welcher Abstammung sie sei, in welcher Beziehung sie zum Sādhaka stehen mag, sie muß bestimmte Voraussetzungen in bezug auf Erscheinung und Körpermerkmale erfüllen. Sie muß gesund sein, keine körperlichen Mängel haben, sondern Lotus-Augen, volle Brüste, glatte Haut, schlanke Taille, einen schönen Hals, üppiges Haar und einen gut ausgebildeten Schamberg besitzen.

Auch der Yogī muß in ausgezeichneter körperlicher Verfassung sein. Zunächst muß er sich Einweihungsriten sowie inneren und äußeren Reinigungszeremonien unterziehen. Durch diese wie auch durch Meditation werden systematisch alle Unreinheiten beseitigt. Er muß auf die Weise dazu gelangen, seine Partnerin, die Yoginī, als Göttin zu betrachten, damit ihm diese sexuelle Vereinigung – vorgenommen nach traditionellen Riten – zum Heil gereiche und nicht in neue Abhängigkeit führe.

Die Riten des Badens, Kleidens, Verehrens und der Darbringung von Girlanden, Weihrauch und Speisen müssen im Geiste völliger Hingebung vollbracht werden. Hierbei erklärt der Guru die esoterischen Vorgänge des Tantra-sādhana, durch den man die Abwärtstendenzen sexueller Energie kontrollieren und sie kraft der Vereinigung aufwärts lenken kann.

Die sexuelle Vereinigung ist eine Möglichkeit, die der Tantrismus Mann und Frau anbietet, alle Funktionen von Körper und Geist auf einen Punkt zu konzentrieren. In der Vereinigung voll höchster Intensität wird ihrer beider Bewußtsein in kosmischer Bewußtheit verschmolzen. Steigt die Kuṇḍalinī aufwärts, geben die Körper ihre physischen Funktionen ab und der Geist der Ausführenden geht in einen Zustand des Eins-Seins von Anbeter und Angebeteter auf. Sie lösen ihr Sein im Absoluten auf und erfahren höchste Wonne im Bewußtsein ihres Eins-Seins.

Dieses Ziel kann man individuell oder gemeinschaftlich erreichen. Ein jeder muß in sich eintauchen, um seine Quellen aufzuspüren, jedoch nicht, indem er selbstsüchtig den Glückszustand für sich allein sucht, sondern indem er sein wahres Selbst in der kosmischen Essenz wiederfindet.

Das gemeinsam vollbrachte Āsana wirkt auf die Teilnehmer machtvoll ein. Sie empfangen aus dem Ritual Schwingungen, durch die sie in gleicher Richtung zu einem gemeinsamen Ziel gelenkt werden. Teilnahme an einem kollektiven Āsana bedeutet nicht nur Aufgabe jeder persönlichen Identifikation, sondern auch sich selbst zur Geltung zu bringen. Der Aspirant wird uneigennützig in seinen Anschauungen, frei von Hinneigung und Ablehnung und fähig, die latenten Kräfte auch der anderen zu erwecken.

In den «Praktiken der linken Hand» (vāmâcāra) findet die grundlegende tantrische Konzeption von der Einheit in der Dualität ihren klarsten Ausdruck. Die Teilnehmerin ist dabei nicht mehr ein Weib von Fleisch und Blut, sondern wird als Göttin, als Śakti, verehrt. Die Vereinigung mit ihr symbolisiert nicht-dualische Existenz, sie selbst die fundamentalen Kräfte des Kosmos.

Der Ritus wird «pañca-makāra», «Ritus mit den fünf M» genannt. Die Makāras sind Wein (mada), Fleisch (māṃsa), Fisch (matsya), geröstetes Korn (mudra) und die rituelle Vereinigung (maithuna). Der Ritus wird in einem Kreis (śrī-, bhairavī-, siddha- oder kāla-cakra) von Männern und Frauen gleicher Zahl durchgeführt, die – ohne Ansehen von Rang und Stand – sich in Anwesenheit eines Guru an einem auserwählten Platz um Mitternacht versammeln. Beide Partner müssen zunächst verschiedene körperliche und geistige Reinigungszeremonien durchlaufen. Śakti wird dann reichlich mit duftendem Öl eingerieben, Jasminöl für die Hände, Keora für Nacken und Wangen, Campa und Hina für die Brüste, Nardanöl für das Haar, Moschus für den Schamberg, Sandelholz für Hüften und Safran für die Füße. Der Gebrauch von gewissen Duftstoffen soll die Region des Mūladhāra-cakra anregen, der, da er zur weltlichen Ebene gehört, direkt mit dem Geruchssinn verbunden ist. Zum Schluß bekommt Śakti einen Zinnoberpunkt zwischen ihre Brauen, um den Ort zu bezeichnen, wo sich das dritte Auge öffnen wird. Zwischen diesem Punkt und dem Schamberg wird mit derselben Zinnoberpaste noch eine Linie gezogen, um den Weg der aufwärtssteigenden Kuṇḍalinī anzudeuten.

Nach strenger tantrischer Tradition wird nur ein Tag im Monat für eine rituelle sexuelle Vereinigung als geeignet angesehen, nämlich der fünfte, achte oder fünfzehnte Tag der «schwarzen» Monatshälfte nach Beendigung der Menstruation der Partnerin. Aber auch die Tage der Menstruation erscheinen den Tantrikern des «linken Pfades» als geeignet, da für sie das Menstruationsblut sowohl eine stärkende als auch eine beruhigende Wirkung besitzt. Das Āsana sollte zu einem bestimmten glückverheißenden Zeitpunkt beginnen, da Natureinfluß und Sternenkonstellation auf die «Gezeiten des Körpers» Einfluß besitzen. Der für den Ritus auserwählte Ort sollte entweder ein von Natur aus reiner Platz sein, ein Flußufer, ein stiller Forst oder Berggipfel, oder vorschriftsmäßig gereinigt. Die Temperatur sollte den Teilnehmern erlauben, für eine lange Zeit vollkommen nackt zu sein.

Nähert sich der Sādhaka seiner Śakti, um sie wie eine Göttin zu verehren, hat jede rituelle Umarmung und jede Berührung eine symbolische Bedeutung. Mit Mantra-Rezitationen reinigt er die fünf Elemente des Grob-Körpers. Danach bringt er Honig und andere Ingredienzen als Gabe dar, sprengt Wasser, zündet ein rituelles Feuer an und trifft weitere Vorbereitungen. All dies ist Teil von Nyāsa, einem Vorgang, durch den verschiedene Körperorgane durch Berührung «aufgeladen» werden. Durch Umformung seines Gedankenprozesses wird der tantrische Sādhaka neu geboren und seine Wesenheit mit der seiner Śakti vereint: «Ich bin die Göttin, nichts sonst! (ahaṃ devī nânyâsmi)».

Von dieser Art ist das Schöpfungsmysterium, in dem wir das Verborgene im Kosmos und in der menschlichen Seele zu verstehen suchen. Wir können nicht hoffen, alle Daseinsstufen zu erklimmen, indem wir aufhören zu handeln, sondern nur indem wir unser Handeln reinigen. Nichts ist davon ausgeschlossen, sogar der sexuelle Drang kann darin harmonisiert werden. Diese Umformung bedeutet geistige Selbst-Verwirklichung.

Nur innerhalb dieser Bewußtheit ist die Antithese zum Besitzen-wollen zu finden, wie es die Göttin Basholi Candīdāsa, dem größten Vertreter bengalischer mystischer Dichtkunst des 15. Jahrhunderts, offenbarte: «Die Frau, die du liebst, solltest du nicht besitzen wollen!» Candīdāsa, der Brahmane, der gegen das Kastensystem rebellierte, hatte es gewagt, das Wäschermädchen Rāmī zu lieben. Die Sahaja- und anderen tantrischen Sekten Bengalens streben dieselbe Freiheit an und betonen die Bedeutung der Liebe.

Das Wort «sahaja» bedeutet bezeichnenderweise das «Natürliche», «Spontane».

Liebe ist die kosmische Kraft des Mitfühlens, die durch Mann und Frau sich ausdrückt. Vermittels sexueller Vereinigung gelangen beide zur Reinen Liebe. Sobald beide eins werden, erleben sie Sahaja-Wonne, Liebe als das Erhabene in den Menschen. Die ungeheure Kraft einströmender Liebe manifestiert sich in allen Bereichen, in den Atomen wie in den Galaxen. «Liebe öffnet verbotene Tore, Liebe ist das Tor zu den Geheimnissen des Universums» (Swami Vivekananda). Solange wir nicht frei leben, können wir nicht über den weltlichen Zustand des Seins hinausschreiten. Sahaja, der natürliche Weg, lehnt die Verdrängung und die daraus resultierende Spannung ab. Stattdessen sollte der Mensch den einfachsten, den von seiner eigenen Natur gewiesenen Weg einschlagen. Es ist in Übereinstimmung mit diesem Weg, daß die tantristischen Sekten Bengalens die Ehe als korruptes Institut ansehen, insofern jene die Hörigkeit konserviert, gegen die wir innerlich rebellieren. Aber die Vereinigung nach tantrischem Ritual befindet sich im Gleichklang mit dem Kosmos. In ihr ist Liebe zu allen Dingen und Wesen.

Was bleibt, ist ein unstillbarer Durst nach Eins-Sein, nur Liebender und Geliebte zu sein. In diesem Eins-Sein gelangen Mann und Frau zum ursprünglichen Zustand von Śiva-Śakti zurück. Darin gibt es kein Auseinanderfallen, nur die unbewußt sich bewegenden Körper, völlige Hingabe des menschlichen Wesens an das Absolute. Alles wird zu dem Einen!

Aus der Wonne geht der Kosmos hervor, wird aus ihr erhalten und in sie wieder aufgelöst!

Tafel 37
Brahma-Loka. Malerei. Rajasthan. Ca. 1700 A.D.
Brahmâṇḍa, das Brahma-Ei, enthält den gesamten Kosmos und umfaßt die Loka genannten 21 Zonen, die in Straten als Tri-lokas, Drei-Welten, angeordnet sind: Sattva (höhere Welt der Bewußtheit), Rajas (Welt der Phänomene) und Tamas (niedere Welt). Im Zentrum sitzt Brahmā, der Schöpfer, auf den acht Blättern des gelben Lotus. Die blaue Gestalt darüber ist die von Viṣṇu, dem Erhalter. Vor Viṣṇu ist Prakṛti, die Natur, und die blaue Gestalt direkt unter den Lotusblättern ist Śiva, der Zerstörer. Śakti, die kosmische Energie, befindet sich direkt vor Śiva. Die eberköpfige Gestalt ist Varāha, eine der Inkarnationen Viṣṇus, die die Welt vor der Vernichtung bewahrt. Und Indra, der König der Himmel, ist direkt gegenüber Varāha. Die ersten fünf inneren, mit blau beginnenden Kreise, die sieben Speichen kreuzend, stellen verschiedene Berge dar, so wie Suvarṇa (Gold), Puṣpaka (Blüte), Devanikāya (Heimstätte der Götter), Meru (Zentrum der Erde), Mandrâcala (der Punkt, wo die Erde den Rest des Universums berührt). Der innere, blaue Kreis stellt das Zeit-Element vor der Formung der Erde dar, der goldene den Satyayuga, die Ära der Rechtschaffenheit, der purpurrote den Dvāparayuga, die Periode des Niedergangs, der gelbe den Tretāyuga, die Ära, in der Gut und Böse sich noch die Waage hielten, und der graue Kreis den gegenwärtigen Kaliyuga, das Zeitalter der Dunkelheit. Und ebenso repräsentieren die sieben äußeren Kreise die verschiedenen Farben des Kosmos. Die vier Welt-Elefanten (dig-gaja) sind die Wächter der vier Himmelsrichtungen, der Wagen mit der Gazelle bedeutet den Mond oder die Nacht, während der Wagen mit den sieben Pferden die Sonne oder den Tag darstellt. Dies alles sind Symbole des Universums und unseres Planetensystems.

Tafel 38
Bhuvanêśvarī-Yantra. Malerei. Rajasthan. Ca 18. Jh.
In diesem Yantra wird die Devī als Aufseherin des Universums dargestellt. Devī ist als Satī, Umā, Parvatī und Gaurī die Geliebte Śivas. Als Satī manifestiert sich Devī gegenüber Śiva in den im Tantra-śāstra als Daśamahāvidyās, den zehn Mahāvidyās, verehrten Kālī, Bagalā, Chinnamastā, Bhuvanêśvarī, Mātaṅgī, Suroṣī, Dhūmavatī, Tripurasundarī, Tārā und Bhairavī. Diese sind nur einige ihrer unzähligen Erscheinungsformen. Sie existiert in den organischen und anorganischen Dingen, da das Universum mit all seinen Manifestationen, wie das Devī-Purāṇa sagt, nur Teil von ihr ist. Das Tantrasāra drückt es in der Hymne an die Göttin so aus: «Bhuvanêśvarī, der Urgrund und die Mutter der Welt; Ihre Form ist die des Śabda-brahman, ihre Substanz ist Wonne!»

68 Tafel 39

Megalithisches Monument. Stein. Kerala. Photo: Archaeological Survey of India.

Ein gewaltiger kreisrunder flacher Stein, der auf einem yoni-förmigen Hügel aus Stein ruht. Der untere Teil besitzt einen Eingang zum Garbha-gṛha, der Gebärmutter. Damit wird die Konzeption von Liṅga-Yoni vorweggenommen, die in der späteren Tempelarchitektur weiterentwickelt wird.

Tafel 40
Ādi-Śakti. Terrakotta (Jhansi). Allahabad Museum, Uttar Pradesh. Ca. 2. Jh. A.D. Photo: Archaeological Survey of India.
Der transzendentale Einfluß von Prakṛti setzt den Prozeß der Schöpfung in Gang; die Yoni ist Ur-Wurzel der Objektwerdung und soll eine Lebenskraft eigener Art besitzen. Die Yoni wird als heilig, der Verehrung würdig betrachtet, als Symbol kosmischer Kraft. Sie ist der Ur-Grund, in dem der Same jeder Schöpfung eingepflanzt und genährt wird. Alles Leben entsteht im Mutterleib und tritt zu seiner Zeit daraus hervor.

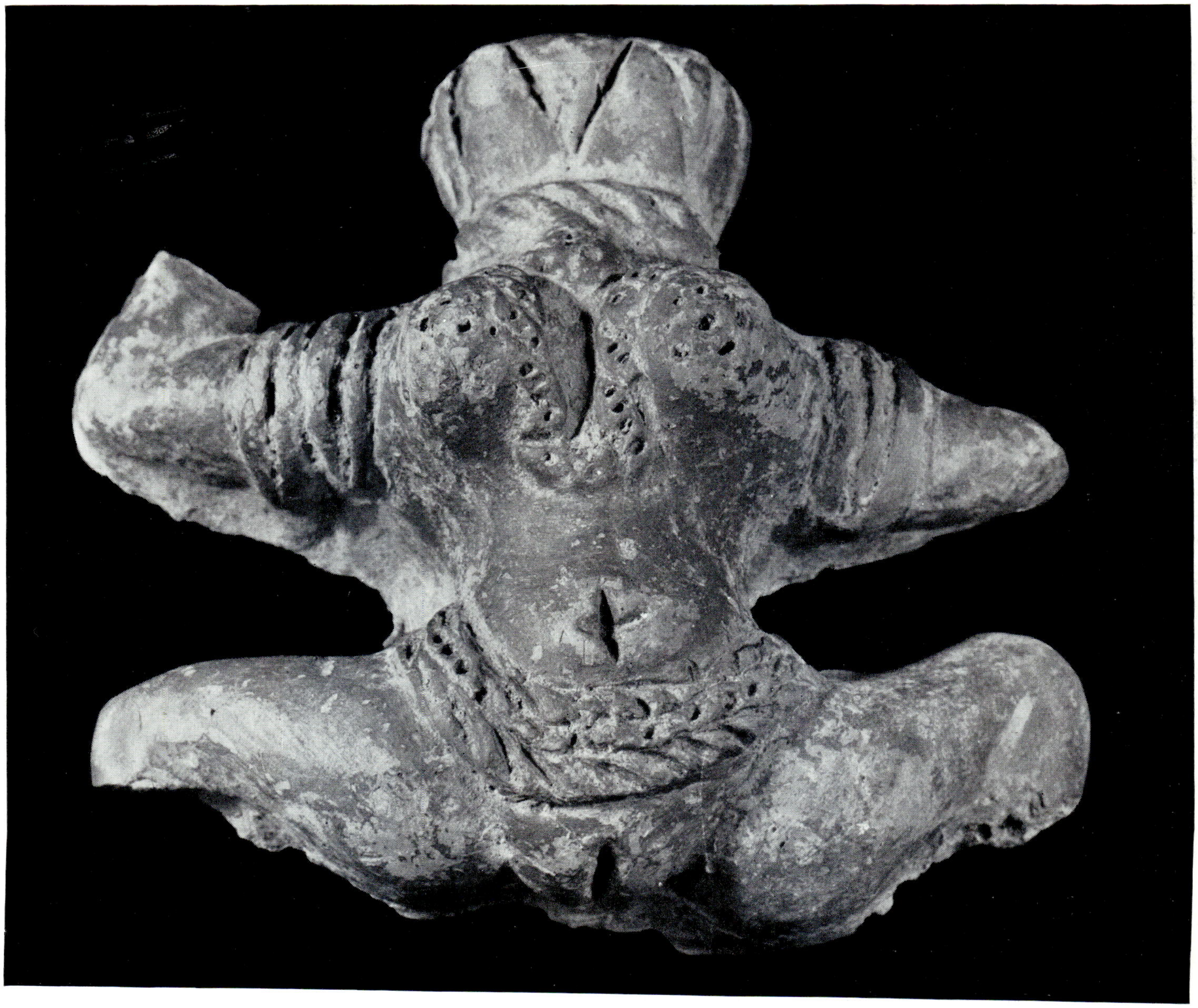

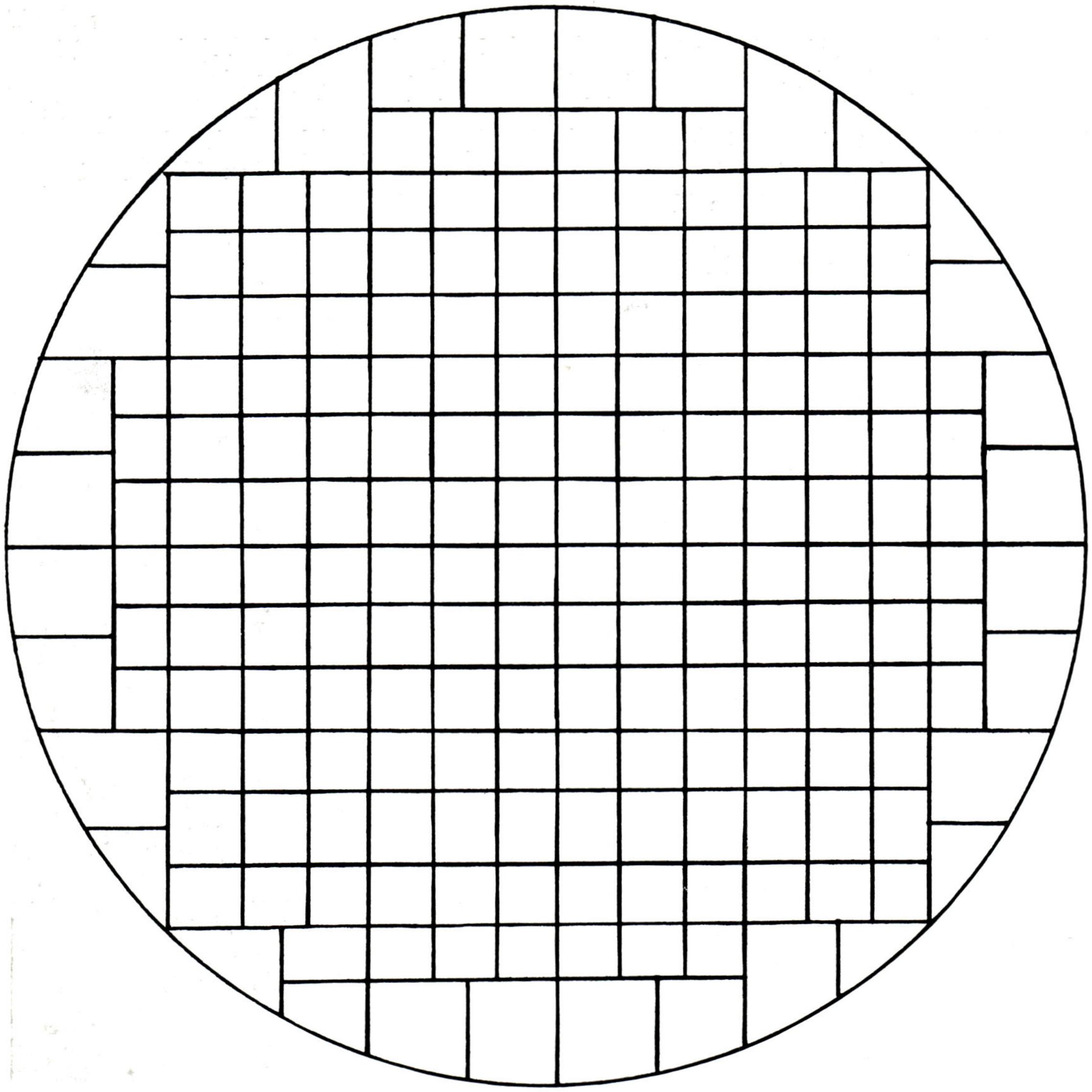

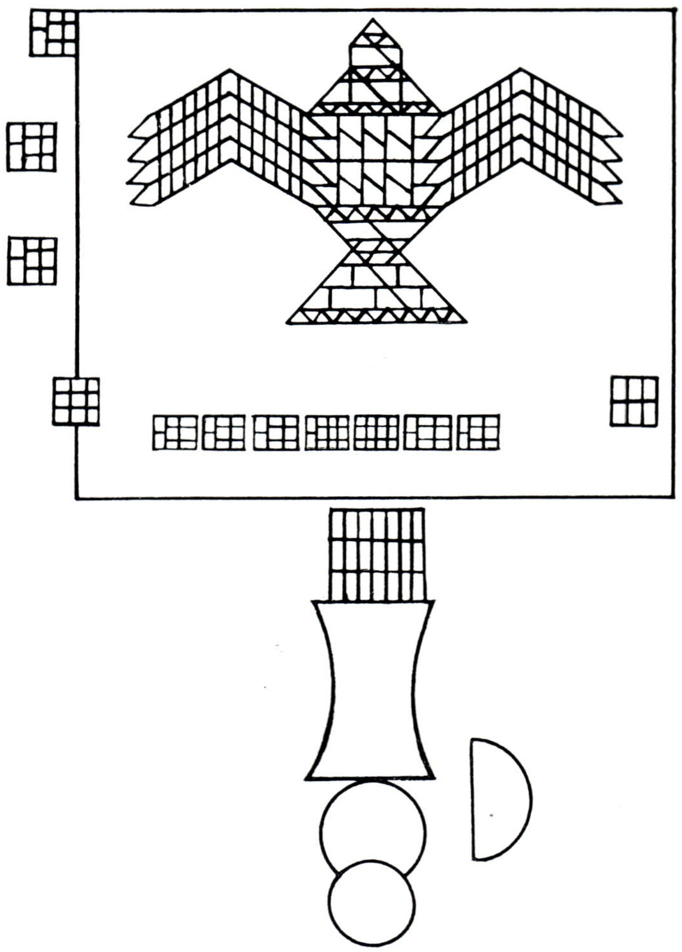

Tafel 41
Rathacakra-Vedi. Vedisches (ca. 1500 v. Chr.) geometrisches Diagramm, Opferfeuer in Gestalt eines massiven Rades. Ein Quadrat mit einer Fläche von 7½ Quadrat-2Puruṣa» (Längenmaß eines Menschen), eingebettet in einen Kreis.

Tafel 42
Mahāvedi. Geometrisches Diagramm eines vedischen Altars. Die Maße für den Altarraum betragen: Ost-24; West-30; Prācī (östlicher Horizont)-36. Die Maßeinheiten werden je nach Bedarf ausgesucht. Die Mahāvedi bedeckt eine Fläche von 972 Einheiten.

Tafel 43
Yoni. Ziegel. Jagatgram, Uttar Pradesh. Ca. 3. Jh. Photo: Archaeological Survey of India.
Während der Ausgrabungsarbeiten an der Stelle des berühmten Aśvamedha-Opfers des Mahābhārata wurde auch der Grundriß des Soma-Ritus' aufgefunden, den einige Könige des alten Indien anläßlich des Pferdeopfers ausführten. Dieser Ziegel stellt Yoni dar. Nach dem Pferdeopfer legte sich die Hauptkönigin in die Opfergrube, ergriff das Glied des Pferdes und unterwarf sich dem Bewegungsablauf der Vereinigung mit dem Tier, das dabei mit Prajāpati, dem Herrn der Schöpfung identifiziert wurde. Aus späteren Abbildungen geht auch klar hervor, daß sich die Königin demselben Ritual mit dem noch lebenden Pferd, bevor es geopfert wurde, unterzog.

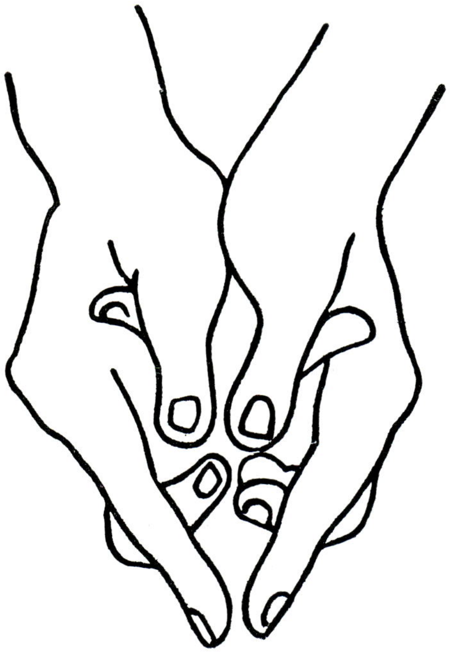

Tafel 44
Yoni-Mudrā.
Yoni, der Mutterleib-Urgrund aller Dinge, symbolisiert das weibliche Geschlechtsorgan.

Tafel 45
Yoni (Ausschnitt). Stein. Causaṭhī-Yoginī-Tempel. Bheraghatt, Madhya Pradesh. Ca. 12. Jh. Photo: Archaeological Survey of India. Die Yoni unter dem Fuße der Devī, einer der Abbildungen am Causaṭhī-Yoginī-Tempel (Tempel der 64 Yoginīs), repräsentiert Ādya-śakti, Ur-Energie.

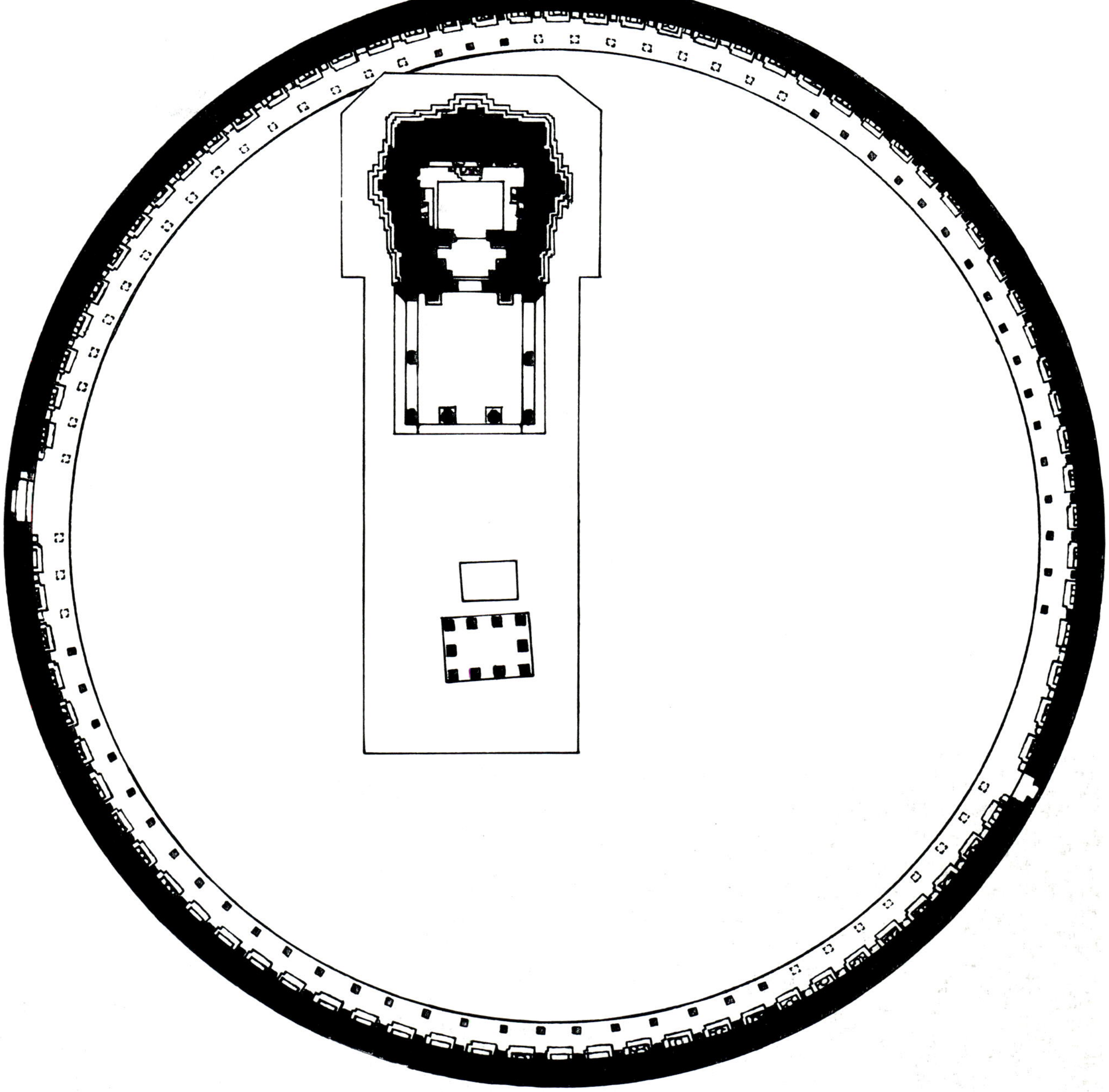

Tafel 46
Plan des Tempels der 64 Yoginīs (Causaṭhī-Yoginī-Tempel).
Bheraghatt, Madhya Pradesh. Ca. 12. Jh.
Dieser kreisrunde Tempeltypus, benutzt für tantrische Rituale, besitzt eine kosmische Bedeutung. Er symbolisiert die andauernde Vereinigung von Gegensätzen.

रजः

«Zweigeteilt erschaffe ich»

Devī-Bhāgavata

 Tafel 47
Chinnamastā. Malerei. Rajasthan. Ca. 18. Jh.
Devī in ihren zerstörerischen und schöpferischen Aspekten symbolisiert Auflösung, Rückkehr zu den Elementen und erneute Gestaltwerdung, und damit den ungebrochenen, ewigen Lebensprozeß. Chinnamastā, inmitten des Sonnenrades, strahlt wie unzählige Millionen von Sonnen zusammengenommen. Sie ist nackt, «raumbekleidet» (dig-āmbarī), mit vollen Brüsten. Aber ihr Schoß ist Sphäre endlos wiederkehrender Schöpfung und Zerstörung. Ihr drittes Auge schaut über Raum und Zeit hinaus. Sie ist die unwandelbare grenzenlose Urkraft, die das Große Drama erschafft. Zur Linken und Rechten der Devī stehen Dākinī und Varṇinī. Unter ihrem Yogâsana stellen Rati und Kāma, das weibliche und das männliche Prinzip, die Transzendenz der Welt der Phänomene dar und die Überwindung jeder Dualitätserfahrung.

Tafel 48
Rati und Kāma. Malerei. Kangra, Himachal Pradesh. Ca. 18. Jh.
Rati repräsentiert als Kāma Śaktis kinetische Energie. Kāma ist der Liebesgott, von dem es in den Veden heißt: «In der Morgendämmerung der Schöpfung erhob sich als erstes das Verlangen!» Im Atharvaveda kennt man Kāma als die Schöpfung selbst. Rati und Kāma genießen in der Vereinigung miteinander jene höchste Wonne, die nur das Eins-Sein, die Nicht-Dualität, gewähren kann.

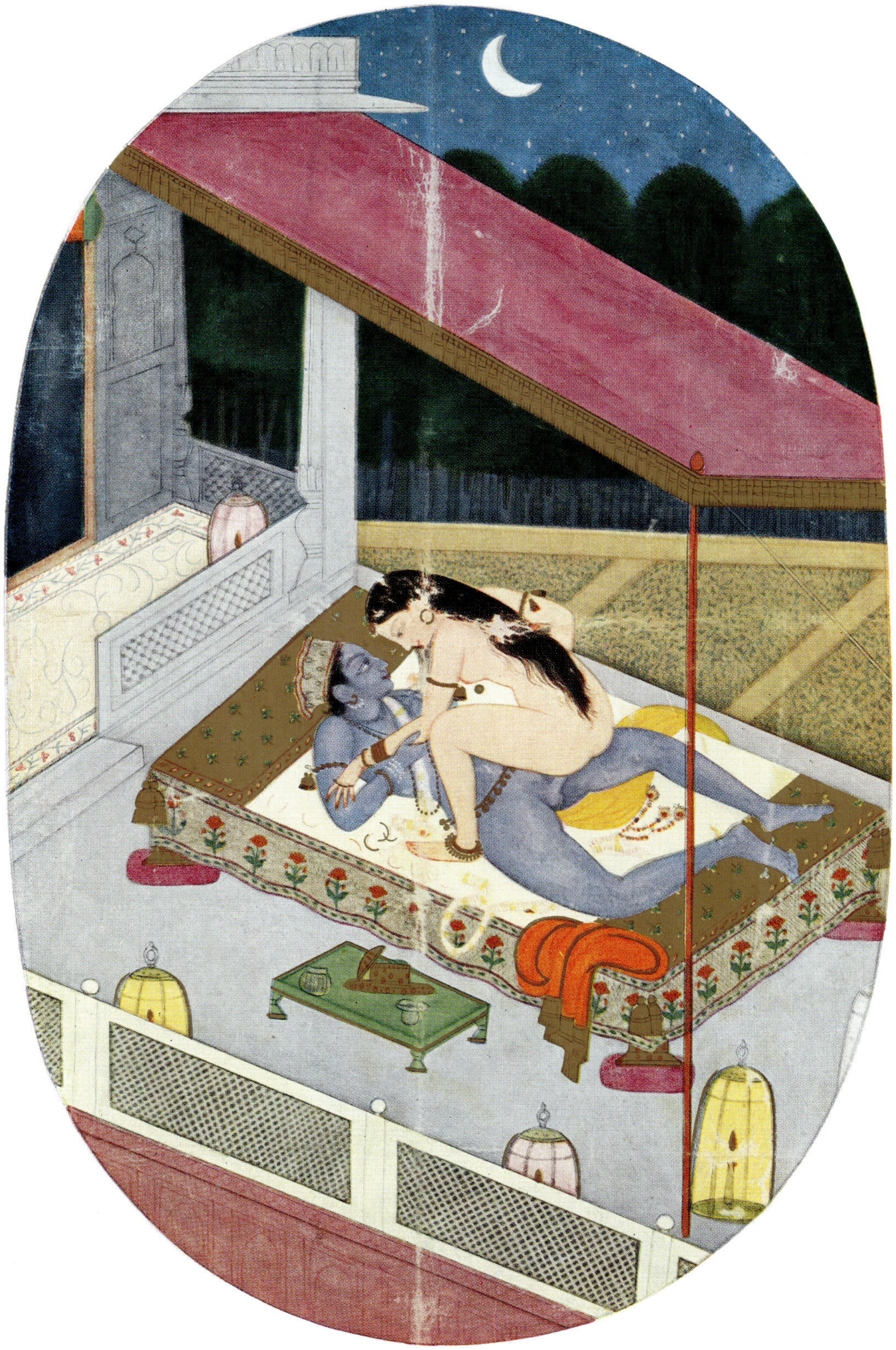

Tafel 49
Rituelle Muster. Malerei. Rajasthan. Ca. 1900 A.D.
Photo: Archaeological Survey of India.
Nach der Reinigung (śodhana) durch ein rituelles Bad werden Teile des weiblichen Körpers mit glücksbringenden Zeichen geschmückt.

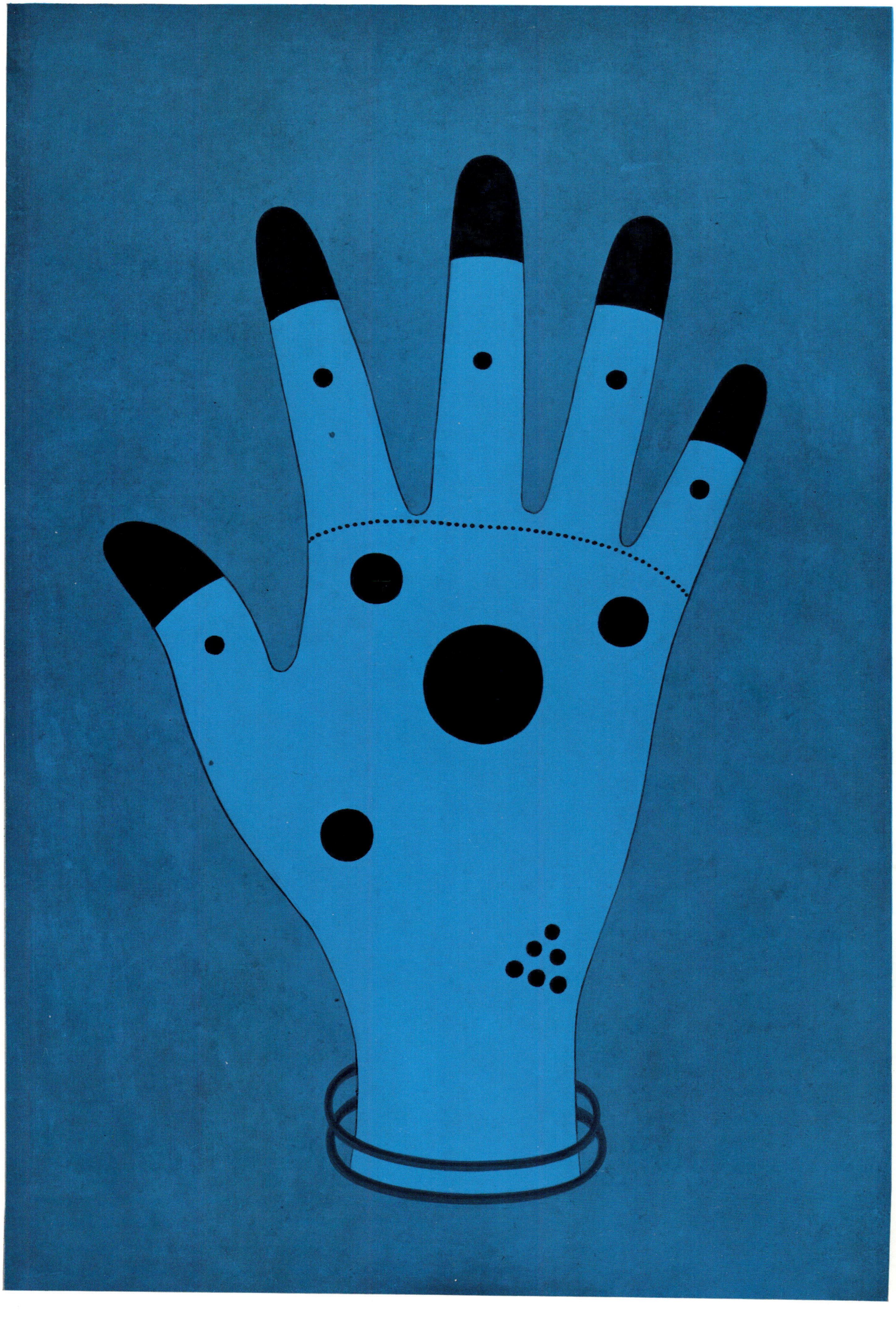

Tafel 50
Surasundarī, Stein. Khajuraho, Madhya Pradesh. 950–1050 A.D. Photo: S. L. Vohra.
Surasundarī ist die ursprüngliche Kraft der Manifestation, das Symbol der Illusion, Māyā, des Begehrens nach Schöpfung und Gestaltwerdung. Ihre Belustigung, das Spiel mit dem Universum, erschaut sie im Spiegel, den sie selbst hält. Sie ist eine der Acht Energien (aṣṭa-śaktis), die in allen Eigenschaften existieren. Das Universum ist ihre eigene Gestalt. Ihr Dhyāna-mantra lautet: «Oṃ Hṝṅ Agaccha Surasundarī Svāha».

Tafel 51
Strīpūjā. Stein. Konarak, Orissa. 1240–1280 A.D. Photo: Archaeological Survey of India.
Strīpūjā, die Verehrung des Weiblichen, ist einer der Hauptriten im tantrischen Ritual. Das nackte Weib ist dabei Objekt von Verehrung und Meditation. Durch Konzentration auf Objekte, auf die sexuelle Yoga-Praktiken angewandt werden, sollen die psychischen Zentren angeregt und aktiviert werden, bis ein hoher Grad von Erleuchtung erreicht ist.

Tafel 52
Mātṛka-Yantra. Malerei. Rajasthan. Ca. 18. Jh.
Die Mutter ist das Eins-Sein schlechthin, das Symbol von Energie und Kraft. Als aktives Prinzip im Universum wird ihr häufig größere Bedeutung zugeschrieben als dem Männlichen. Sie wird mit dem Höchsten identifiziert, da sie in ihrer Person beide, das Universale Männliche und das Universale Weibliche, zusammenfaßt.

Tafel 53
Kumārī-Pūjā. Stein. Śrīraṅga-Tempel, Tiruchirapalli, Tamilnad. Ca. 16. Jh. Photo: Archaeological Survey of India.
Kumārī-pūjā, Verehrung der Jungfrau, ist eines der wichtigsten tantrischen Rituale, in dem das nackte Weib und die Yoni Objekte von Verehrung und Meditation sind. Eine menstruierende Jungfrau wird als Ṣoḍaśī verehrt. Ein Mädchen im vorpubertären Alter jedoch, zwischen fünf und zwölf, betrachtet man als Verkörperung der Göttin selbst. Durch verschiedene Riten und Rituale wird sie in ein lebendes Abbild der Śakti verwandelt, ein höchst gefährlicher Vorgang, wenn er in Unwissenheit oder lediglich aus Sinnenlust herbeigeführt wird. Nur gründlich Eingeweihte können aus diesem Ritus psychische Energien beziehen.

Tafel 54
Yoginī. Stein. Ramappa-Tempel, Palampet, Andhra Pradesh. Ca. 12. Jh. Photo: Archaeological Survey of India.
Die Begriffe Yogī (maskulin) und Yoginī (feminin) leiten sich von Yoga und damit von der Sanskrit-Wurzel yuj ab, die soviel wie «anschirren» bedeutet. Ziel von Yoga ist es, die menschliche Einzelseele (jīvâtman) mit der Universalseele (paramâtman) zu verschmelzen. Intensives Praktizieren von Yoga führt zur Selbst-Verwirklichung durch das Emporstacheln der als Schlange symbolisierten psychischen Energie.

Tafel 55
Weibliche Figur. Malerei. Basholi, Jammu-Kaschmir. Ca. 17. Jh.
Eine Illustration der Amṛtakalā-Positionen des weiblichen Körpers, die an bestimmten Tagen der weißen und dunklen Hälfte des Monats zur erfolgreichen Durchführung von tantrischen Āsanas mit Energien aufgeladen werden müssen. Die 18 fokalen Zentren des weiblichen Körpers, die das Ratirahasya beschreibt, können von Eingeweihten erregt werden, wenn sie in Übereinstimmung gebracht werden mit der genauen Angabe der Candra-kalās, der Mondunterteilungen, an bestimmten Tagen der weißen und der schwarzen Hälfte des Monats.

Tafel 56
Salbung. Malerei. Rajasthan. Ca. 18. Jh.
Vor der Einführung (Initiation) unterzieht sich die Frau dem Abhiṣeka-Ritus, einer Reinigung des Körpers mit Öl und geweihtem Wasser, um das Recht zu erlangen, an einem heiligen Āsana teilzunehmen. Um den Zustand der Absolutheit zu verwirklichen, betrachtet sich der «Tantriker des linken Pfades», der Vāmâcārī, als die männliche Gottheit und verwandelt seine Partnerin in Śakti, seinen weiblichen göttlichen Gegenpart, durch Yoga-Praktiken. Darauf vereinigt sich das Paar in einem tantrischen Āsana.

Tafel 57
Initiation. Stein. Śiva-Tempel, Ramgarh, Rajasthan. Ca. 12. Jh.
Photo: Archaeological Survey of India.
Bevor einem Kandidaten der Zutritt zu tantrischen Kreisen gestattet wird, muß er mehrere Initiationsriten durchlaufen.

Tafel 58
Initiation. Malerei. Rajasthan. Ca. 18. Jh.
Die Einführung in einen tantrischen Kreis geschieht durch den Ritus der Cakra-pūjā, die den Initiierten aus dem profanen in den heiligen Zustand emporheben soll. Es handelt sich dabei um einen von einem Guru gelehrten geheimen Ritus, durch den der Betreffende in die Geheimnisse eines esoterischen Ordens eindringt.

11484

Tafel 59
Āsana. Terrakotta. Harappa, Panjab. Ca. 3000 v.Chr. Collection of Antiquities, Safdarjung, Delhi.
Dieser Typus einer Terrakotta-Figur stellt nach B.B. Lal, Director General of Archaeology in India, das früheste Beispiel eines Āsana dar. Die von Harappa ausgehende Yoga-Tradition, so wie sie sich in verschiedenen Siegeln und Figuren der Industal-Kultur darbietet, wurde ohne Zweifel durch die nachfolgenden Jahrhunderte weiter geführt. Dr. B.M. Barua ist sogar der Ansicht, daß die phonetischen Werte der tantrischen Regeln mit den Zeichen der Industal-Kultur identifiziert werden können.

Tafel 60
Paryaṅkabandha-Āsana. Siegel. Mohenjo-daro. Ca. 2500 v.Chr. National Museum, New Delhi.
Der sogenannte Gott Paśupati im Paryaṅkabandha-āsana. Nach der von S.K. Ray vorgeschlagenen Identifikation korrespondieren die sechs Tiere ringsherum mit dem aus sechs Gesichtern bestehenden Kopf des sitzenden Gottes. Er kann nicht Śiva sein, da dieser ein Gott mit fünf Gesichtern (pañcamukha) ist. Deshalb muß es sich um Kārtikeya handeln. Nach der Tradition ist Kārtikeya der Sohn von Gott Śiva, aber auch sein Lehrer in der Wissenschaft vom Yoga.

Tafel 61
Yoginī. Bronze. Mohenjo-daro. 3000–2000 v. Chr. National Museum, New Delhi.
Ein frühes, fälschlicherweise als Tänzerin identifiziertes Beispiel des Yoginī-Typus, der über die Jahrhunderte hinweg in verschiedenen Formen, als Jungfrau, Yakṣiṇī, Surasundarī Apsaras, Nāyikā usw. weiterlebt. Sie ist die Āhūyavarada-mudrā, die «herbeirufende und wunschgewährende» Yoginī. Eine Folge solcher archaischer ritueller Handgesten mag zur Entwicklung und Ausformung der späteren ausgefeilten Tanz-Gesten beigetragen haben.

Tafel 62
Yoginī. Bemaltes Holz. Orissa. Ca. 19. Jh. Asutosh Museum, Calcutta University.
Die Tradition von Yoginī-Verehrung setzt sich durch die Jahrhunderte fort. Eine Anzahl kürzlich gefundener Holzfiguren zeigt verschiedene Typen von Mudrās und Körperstellungen. Bei diesem Beispiel der «herbeirufenden und wunschgewährenden» Yoginī (āhūya-varada-mudrā) löst sich der Dualismus von Körper und Seele, Fleisch und Geist in heiterer Ruhe und Gelassenheit auf: «Ich bin das Universale Weibliche. Ich lade dich ein, dich mit Mir zu vereinigen!» Dies wird bewirkt durch Meditations-Formeln einer kontemplativen rituellen Praxis, geeignet das Götterbild anzurufen, die zur Konzentration auf abstrakte Attribute und Erfahrungen beitragen.

तमः

«Man muß durch das steigen, durch das man fallen kann»

Hevajra-Tantra

Tafeln 63 und 64
Āsanas. Malerei. Palmblatt-Manuskript. Orissa. Ca. 17. Jh.
Darstellung verschiedener Stellungen bei Meditation und sexuellen Yoga-Praktiken. Die Ausführung von Āsanas hat zu einer Aneinanderreihung esoterischer Stellungen geführt, die eine nur durch lange Praxis zu erlangende enorme Elastizität des Körpers erfordert. Beim Akt sollte jede Bewegung des Körpers zum Stillstand kommen. Das ruhige Verharren im Āsana, in der Vereinigung mit dem Liebesobjekt, ruft die Vollkommene Wonne hervor. Durch das Āsana wird Höchstes Eins-Sein erreicht, das sowohl positive wie negative Aspekte miteinander vereint. Weder Sünde noch Tugend besitzen dann noch Einfluß. Eine solche Erkenntnis des Höchsten im Selbst führt zu Mokṣa, der Erlösung.

Tafel 65
Yoni-Āsana. Stein. Khajuraho.
1059–1087 A.D. Photo: C. L. Vohra.
Jedes Miteinanderverschmelzen von Gegensätzen stellt ein Hinausschreiten aus der Welt der Phänomene dar, eine Überwindung aller Erfahrungen von Dualität.

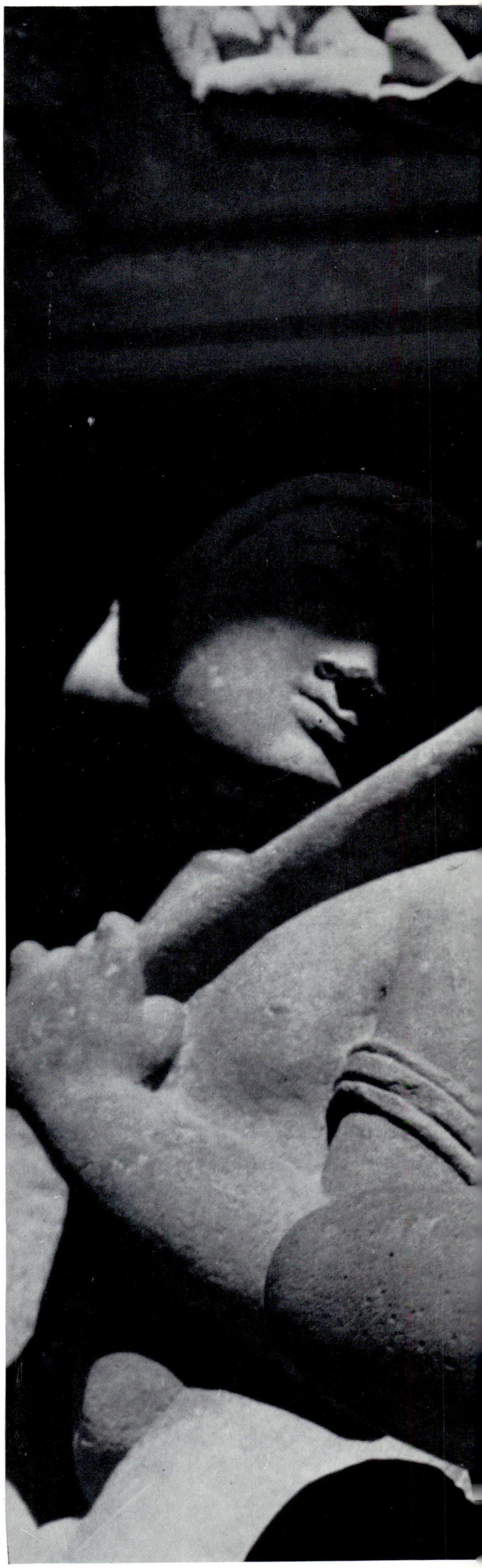

Tafel 66
Mudrā (Ausschnitt aus einem Yoni-Āsana). Stein. Sonnentempel, Konarak, Orissa. 1238–1264 A.D. Photo: Archaeological Survey of India.
Die Mudrā, eine symbolische Handstellung, ruft eine Idee hervor, um gewisse Kräfte zu beschwören. Wendet man sie in einer bestimmten Haltung an, beendet das Āsana jede Körperbewegung und reduziert sie zu einer archetypischen Körperstellung.

Tafel 67
Yoni-Āsana. Malerei. Nepal. Ca. 18. Jh.
Richtig verstandene Geschlechtsvereinigung kann immer nur Höhepunkt einer langen und schwierigen Lehrzeit sein. Nach vollkommener Sinneskontrolle nähert man sich der hingabebereiten Frau schrittweise und transsubstantiiert sie in eine Göttin. Keiner sollte sich diesem Ritus gewachsen fühlen, der nicht in geistiger und körperlicher Beziehung völlig rein wäre. In diesem Zustand der Reinheit bedeutet jede Verschmelzung von Gegensätzen eine Transzendierung der Welt der Phänomene, eine Überwindung jeder Erfahrung von Dualität. Eine solche Reintegration bedeutet den schöpferischen Akt, den der ūrdhvaretas vollbringt, wenn er seinen Samen zum Sahasrâra-cakra, der Heimstätte des Ur-Männlich-Weiblichen (Śiva-Śakti) aufsteigen läßt.

Tafel 68
Śukhapadmâsana.
Malerei. Nepal.
Ca. 17. Jh.
Bei einer Vereinigung des männlichen und weiblichen Körpers bringt diese Art von «Verknotung» bestimmte Lebenszentren im Körper unter Kontrolle. Dies erlaubt geheime «innere Aktionen», während gleichzeitig die beiden einsgewordenen Körper nach außen hin in Ruhe verharren.

Tafel 69
Cañcalâsana.
Malerei. Nepal.
Ca. 17. Jh.
Dieses ist ein Āsana der Ruhe, in dem der Eingeweihte die Identifikation mit seinem Selbst findet.

Tafel 70
Adhomukhâsana. Stein. Ranganayakula-Tempel, Gandikota, Andhra Pradesh. Ca. 15. Jh. Photo: Archaeological Survey of India. Dieses Āsana soll Jugend, Schönheit und Kraft vermehren. Der Ritualkessel auf der Hand der Yoginī symbolisiert die Konzentration des Geistes auf einen Punkt.

Tafel 71
Cakrâsana. Malerei. Nepal. Ca. 18. Jh. Um zum vollen Erfolg führen zu können, muß das Āsana von Handgesten (mudrā), Verknotung der Glieder (bandha), Atemkontrolle (prāṇâyāma), visueller Konzentration und der Rezitation von Mantras begleitet sein. Āsana-Praktiken können im fortgeschrittenen Stadium äußerst gefährlich sein und sollten nicht ohne rechte Anleitung gewagt werden.

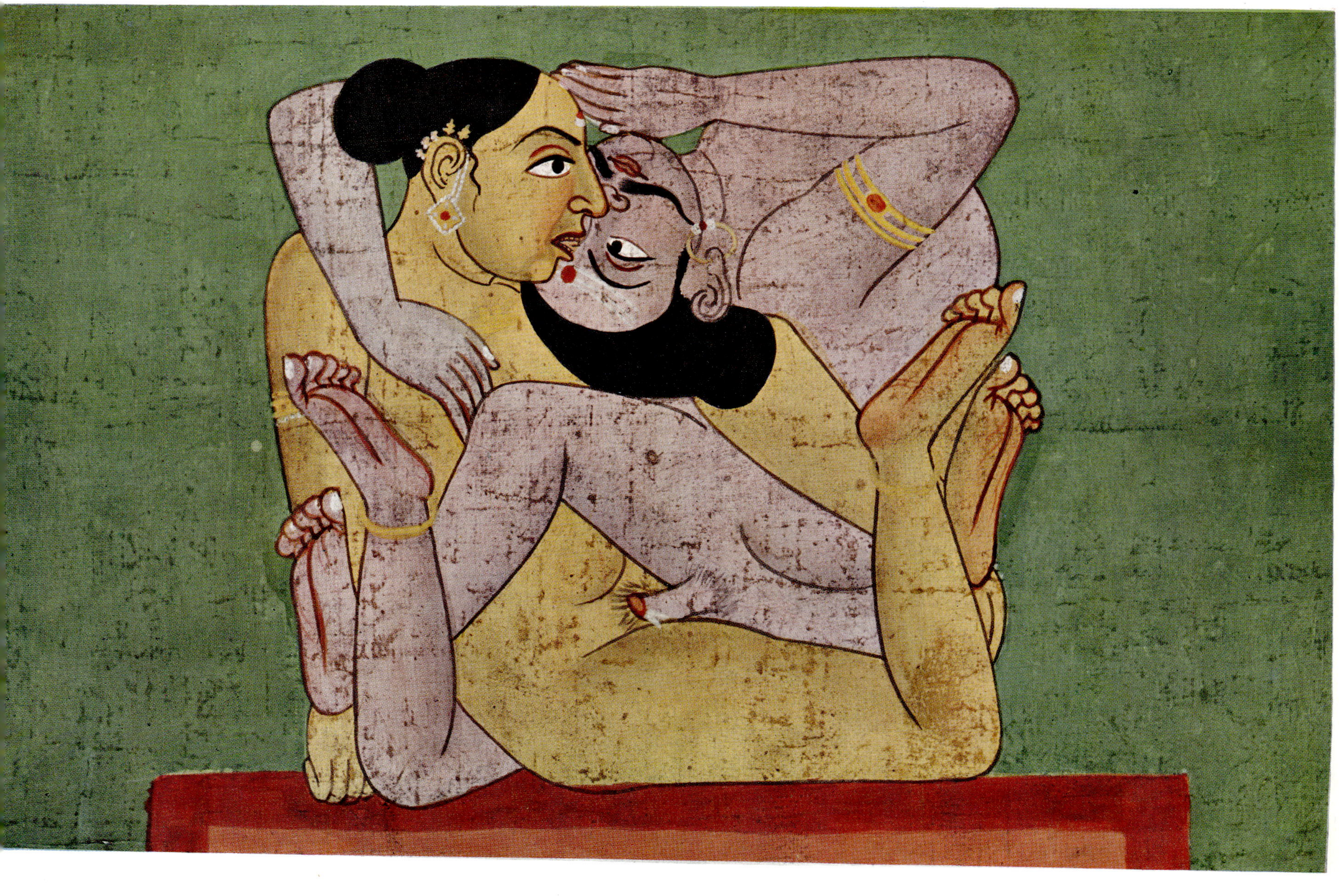

Tafel 72
Bandara-Āsana. Malerei. Rajasthan.
Ca. 19. Jh.
Dieses Āsana imitiert die tierische Welt. Die Gurus übernahmen aus den instruktiven nichtvariablen Handlungsweisen der Tiere, hier der Affen (bandara), bestimmte Positionen, um sie von Anfängern nachahmen zu lassen.

Tafel 73
Affen-Mithuna, Terrakotta. Paharpur, Rajshahi, Nord-Bengalen. Ca. 8.–9. Jh.
Photo: Archaeological Survey of India.

Plate 74
Ekadhārī-Āsana. Stein. Koilkuntola, Andhra Pradesh. Ca. 12. Jh.
Photo: Archaeological Survey of India.
Ungeheure psychische Energie wird nach Ansicht der Tantriker freigesetzt, wenn eine Jungfrau in tantrischen Zeremonien in den Cakra-Ritus eingeführt wird.

Tafel 75
Ekadhārī-Āsana. Malerei. Rajasthan. Ca. 17. Jh.
Verschiedene tantrisch-āyurvedische Formeln, denen man eine verjüngende Wirkung zuschreibt, werden manchmal im Ritual verwendet. Alchimistische Tränke mit Quecksilber und Gold werden ebenfalls häufig zubereitet.

Tafel 76
Jānujugmâsana. Malerei. Nepal. Ca. 18. Jh.
In diesem Āsana kommen Liṅga und Yoni in denkbar engsten Kontakt, ohne daß Liṅga tief eindringt. Da sich hierbei keine starken Muskelkontraktionen ergeben, hilft diese Stellung, körperliche Intimität herzustellen und eine Gleichförmigkeit psychischer Schwingungen zu erreichen.

Tafel 77
Puṣpaka-Āsana. Malerei. Rajasthan. Ca. 16. Jh.
Bei diesem Āsana vereinigen sich Mann und Frau Mund zu Mund. Ihr Bewußtsein verschmilzt mit der nie endenden Bewußtheit des Universums. Die Polarisation der Körper wird aufgehoben. Liegt man langgestreckt, völlig entspannt, ohne den Versuch zu unternehmen, den Orgasmus durch Körperbewegungen herbeizuführen, wird die gegenseitige Durchdringung der sexuellen Energie zu einem Kanal für die psychischen Energien.

॥पसारछौ सुंदरिपरैसुनत सनो मनइकुंत॥ औरउ
मन विचनन्दोथ सेकोप॥ पुहपक आसनकरैजौ नाथ॥
॥१६॥

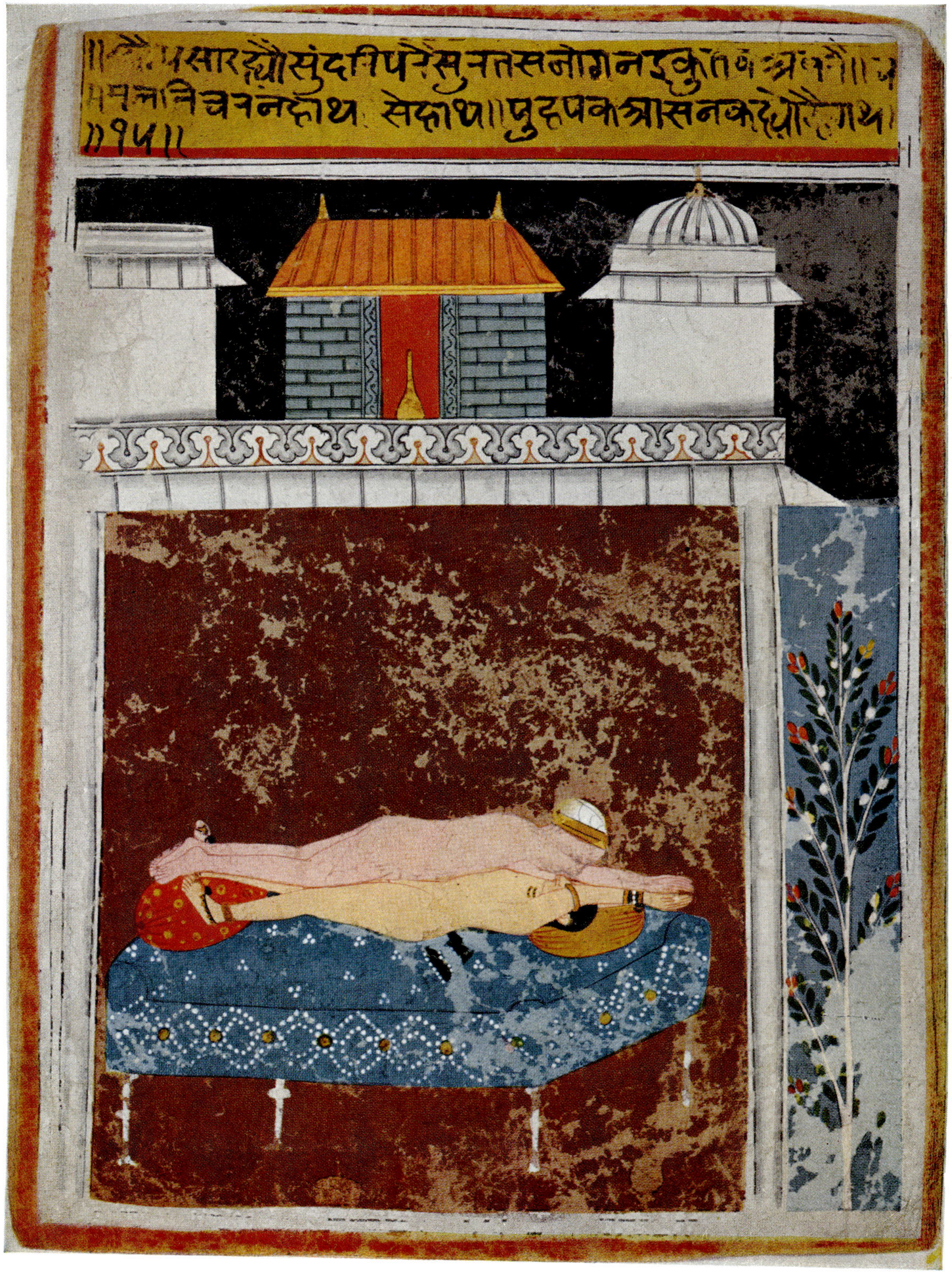

Tafel 78
Śiva-Śakti. Malerei. Pahari-Stil, Himachal Pradesh. Ca. 18. Jh. Photo: Archaeological Survey of India. «Wozu brauche ich eine ‹äußere Frau›? ich habe eine Innere Frau in mir selbst!» Kuṇḍalinī ist die «Innere Frau». Wird sie angerührt, scheint sie wie «Millionen strahlender Blitze» im Körperinnern des Sādhaka.

Hrīṅ, o Zerstörerin der Zeit!
Śrīṅ, o Schreckliche!
Krīṅ, Du bist freigiebig,
Kennst alle Künste,
Du bist Kamalā,
Zerstörerin der Hoffahrt des Kali-Zeitalters,
Du bist Ihm, dem Verfilzthaarigen, freundlich gestimmt,
Verschlingerin des Verschlingers,
Mutter der Zeit!
Du leuchtest wie die Feuer der Endzerstörung,
Geliebte des Verfilzthaarigen!
Du bist erschreckend anzusehen,
Ozean des Mitleidnektars,
Barmherzige,
Gnadenreiche,
Deine Gnade kennt keine Grenzen,
Dir kann man nur durch Deine eigene Gnade nahetreten,
Du bist Feuer,
Lohfarbene,
Schwarze,
Du vermehrst die Wonne des Herrn der Schöpfung,
Nacht der Dunkelheit,
In der Gestalt der Lust,
Jedoch Befreierin aus den Banden der Lust!

Mahānirvāṇa-Tantra

Tafel 79
Bhairavī. Stein. Markanda-Tempel, Chanda, Maharashtra. Ca. 12. Jh. Photo: Archaeological Survey of India.
Weibliche Bhairavīs oder Yoginīs können Witwen, Yogī-Frauen oder im zarten Alter initiierte Mädchen (kumārī) sein. Der tantrische Kult «zur Linken» ist besonders eng mit Bhairavī-sādhana verbunden. Viele Beispiele belegen, daß Bhairavīs übernatürliche Kräfte durch langwierige Meditation und andere Yoga-Praktiken erlangen können.

Tafel 80
Dhūmavatī. Malerei. Dekkhan-Schule. Ca. 18. Jh. Jagadish Mithal Collection.
Ein dunkelhäutiger rotäugiger tantrischer Yogī lauscht, auf einer Matte sitzend, einem Rāga. Höchstwahrscheinlich ist es Rāga Bhairava, da dessen Hintergrundfarbe gewöhnlich olivgrün mit blaugrauem Himmel ist, durchsetzt mit mehreren wogenden weißgrauen Wolken. Śivas Archetypus wird allgemein als tantrischer, auf einem Tigerfell unter einem Baum sitzender, in tiefste Meditation versunkener Bhairava dargestellt, nackt, mit zerzaustem, glanzlosem Haar, aschebeschmiert, behängt mit Rudrâkṣa-Guirlanden und herabhängenden Schlangen-Ohrringen (kuṇḍala).

Tafel 81
Dhūmavatī (Ausschnitt). Aus einem illustrierten Manuskript. Nepal. Ca. 1760. Bharat Kala Bhavan, Benares.
Dhūmavatī, eine der wichtigsten Göttinnen der tantrischen zehn Mahāvidyās, ist eine Manifestation der Śakti für Schöpfung, Erhaltung und Auflösung. Dhūmavatī ist von fahler Hautfarbe und symbolisiert damit die höheren Sphären. Die Krähe ist ihr Reittier. Es verlangt sie nach materieller Ausformung der Dinge und gleichzeitig nach deren Aufsaugung in sich selbst.

Tafel 82
Devī. Malerei, Kangra, Himachal Pradesh. Ca. 18. Jh. Devī personifiziert das Ur-Eine. Ihre anderen Namen sind Durgā, Ambikā, Bhavānī, Kumārī, Vaiṣṇavī, Pārvatī. Im Devī-Purāṇa sagt Śiva zu Pārvatī: «Tochter des Himalaya, Ich bin weiß wie der Mond und Du bist dunkel. Ich bin der Sandelbaum und Du bist die Schlange, die sich darum herumwindet!»

Tafel 83
Śiva-Śakti-Yoga. Malerei. Rajasthan. Ca. 18. Jh.
Setzt man den menschlichen Körper zum Makrokosmos in Parallele, sucht man nach der universalen Wahrheit in sich selbst. Die sechs psychischen Zentren des menschlichen Körpers werden auf dieser Abbildung auf der Stirn dargestellt. Der vervollkommnete Yogī sucht sein höchstes Ziel zu erreichen, indem er die Kuṇḍalinī aufstachelt und durch die fünf Elemente (pañcabhūta) Erde, Feuer, Wasser, Luft und Äther hindurchbrechen läßt. Ziel ist der kosmische Berg Meru oder Trikūṭa, umgeben vom Śakti-Kraftfeld, um die Vereinigung von Śakti und Śiva anzudeuten.

Tafel 84
Sahasrâra-Cakra (Ausschnitt). Malerei. Rajasthan. Ca. 18. Jh.
Die Cakras sind die Hauptzentren, durch die hindurch die psychische Energie, die vitale Lebenskraft des Prāṇa, zum Sahasrâra gelangt. Nach tantrischer Lehre liegt dieses Zentrum außerhalb des Körpers genau oberhalb des Kopfes und besitzt eine besondere Bedeutung. Es zieht kosmische Kräfte herab und beliefert mit dieser Lebensenergie den Körper.

Tafel 85
Anāhata-Cakra (Ausschnitt). Malerei. Rajasthan. Ca. 18. Jh.
Anāhata, das «nichtangerührte» Zentrum, liegt in der Nähe des Herzens. Es besitzt lodernd rote Blütenblätter, seine Silben sind ka, kha, ga, gha, ha, ca, cha, ja, jha, na, ta, tha. Steigt die Kuṇḍalinī empor und erreicht Anāhata-cakra, vernimmt der Tantriker den nicht-angeschlagenen Klang, Anāhata-dhvani, der der kosmische Ur-Laut, Praṇava, ist. Dieser wird im allgemeinen als zeitloses Klangsymbol des Höchsten Einen angesehen.

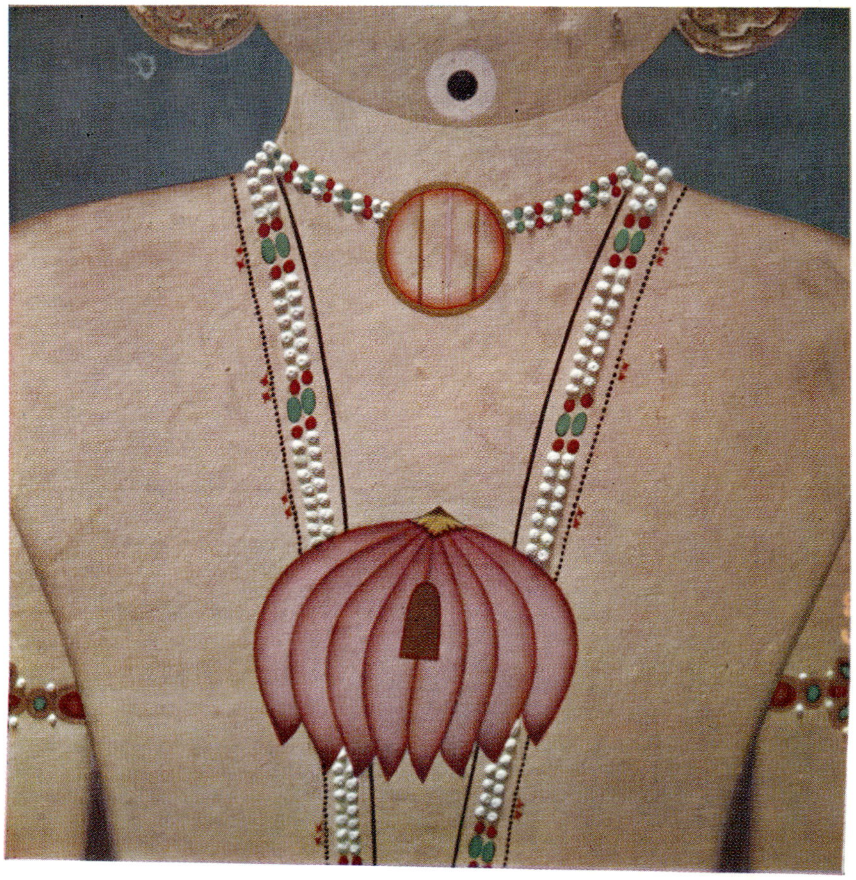

Tafel 86
Cakras (Ausschnitt). Aus einem illustrierten Manuskript. Nepal. Ca. 17. Jh. Bharat Kala Bhavan, Benares.
Cakra oder Energiekreis ist der Psychische Körper an seiner Kontaktstelle mit dem physischen Körper. Es gibt nach den Texten ungefähr 30 Cakras. Von diesen haben sechs innerhalb und einer außerhalb des Körpers eine besondere Bedeutung und bilden zusammen die 7 Haupt-Cakras.
Ein jeder Haupt-Cakra ist einer bestimmten Farbe und einem bestimmten Laut des Sanskrit-Alphabets zugeordnet. Ein jeder hat eine bestimmte Anzahl von Blütenblättern, eine eigene Farbe, charakteristische geometrische Zeichen, eine männliche Gottheit, eine Śakti und die mystische, der Meditation dienende Silbe. Die Haupt-Cakras sind hier in ihrer Reihenfolge von unten nach oben dargestellt: Mūladhāra, Svadhiṣṭhāna, Maṇipura, Anāhata, Viśuddha, Ajña und schließlich Sahasrâra. Durch alle diese hindurch bricht die Kuṇḍalinī auf ihrem Weg vom Mūladhāra- zum Sahasrâra-cakra. Kuṇḍalinī, die Schlange, ist die Bezeichnung für die psychische Energie, die sich im Zustand der Trance um das Svayambhū-liṅga, das sogenannte Fein-Zentrum, herumwindet (kuṇḍalinī). Das Fein-Zentrum befindet sich am unteren Ende der Wirbelsäule nahe dem Mūladhāra-cakra.
Bei den meisten Menschen bleibt die Kuṇḍalinī schlafend und unerweckt das ganze Leben hindurch liegen. Nur ein langes Yoga-Training kann die Kuṇḍalinī zur Bewußtheit aufstacheln und sie vermittels eines Fein-Nervs den Zentralkanal Suṣumnā hinauf durch die verschiedenen Cakras hindurchbrechen und unbegrenzte Kräfte für den Eingeweihten (sādhaka) erlangen lassen.

Tafel 87
Mūladhāra-Cakra (Ausschnitt). Malerei. Rajasthan. Ca. 18. Jh.
Mūladhāra liegt am unteren Ende der Wirbelsäule. Es ist das unterste Zentrum des menschlichen Körpers, ein wenig über dem After und hinter dem Penis. Mūladhāra ist das Zentrum, in dem die meisten der Fein-Adern wurzeln und von wo aus sie sich durch den ganzen Körper ausbreiten. Sein Element ist Erde. Das Svayambhūliṅga ist das Feuer-Dreieck im Mittelpunkt, um den sich die Kuṇḍalinī herumwindet.

Tafel 88
Mahādevī. Malerei. Kangra, Himachal Pradesh. Ca. 18. Jh.
Ein anderer Name der Mahādevī ist Kālikā, denn sie ist ohne Anfang und Ende. Ihr Körper hat dieselbe alles-durchdringende blaue Farbe wie das Universum. Sie selbst ist unwandelbar. Sie fesselt alle Wesen (jīva) mit dem Band der Illusion (māyā), symbolisiert durch ihre aufgelösten Haare. Ihre Ohrringe werden aus kleinen Sādhakas gebildet. Dies bedeutet, daß die Sādhakas im Kindesalter ihr besonders lieb sind. Sie ist die einzige Schöpferin, Erhalterin und Zerstörerin von unendlich vielen Welten. Ihre Nacktheit symbolisiert die Schöpfung, ihre vollen und hohen Brüste bedeuten Erhaltung, und der furchterweckende Gesichtsausdruck deutet ihr Sich-Zurückziehen aus allen Dingen an. Da sie alles Existierende verschlingen wird, bedeuten ihre weißen Zähne reine Selbst-Manifestation, Sattva-guṇa, die Blutmasse aus Rajas und Tamas zusammengenommen unterdrückend. Ihre Gestalt ist die von Sattva-Rajas-Tamas, ihre wahre Natur ist die ewigwährende Befreiung. Sie trägt einen Kranz aus Menschenköpfen, die die entwirrten Elemente in ihrem reinen Zustand andeuten.

 Tafel 89
Nairṛta. Stein. Chanduwar, Orissa. Ca. 9.–10. Jh. Indian Museum, Calcutta.
Nairṛta, der Herr der nordöstlichen Himmelsgegend, ist einer der Aṣṭadikpālas oder Wächter der 8 Himmelsgegenden.

Tafel 90
Mahākālī oder Nairātmā (?). Malerei. Kangra, Himachal Pradesh. Ca. 18. Jh.
Obwohl die Göttin nicht genau der in der Sādhanamālā gegebenen Beschreibung von Nairātmā entspricht, gibt es hier einige Züge, die ihre Identifikation mit der Göttin Mahākālī als Candikā-śakti, besonders als Cāmuṇḍā wie auch Vaiṣṇavī nahelegen.
Mahākālī sitzt auf einem Leichnam. Liegt der Leichnam auf dem Rücken, handelt es sich um die Göttin Nairātmā. Das entspricht ihrem Dhyāna: «Das Gesicht schaut furchterregend aus mit seinen Hauern und der hervorquellenden Zunge. Sie trägt die Kartrī in der Rechten und Kapāla und Khaṭvaṅga in der Linken. Ihre Augen sind rot und rund, sie trägt die fünf glückbringenden Symbole!»

Tafel 91
Candī. Malerei. Rajasthan. Ca. 18. Jh.
Candī oder Durgā ist die liebende und beschützende Mutter, die in ihrem anderen Aspekt als Kālī für die Vernichtung verantwortlich ist. Dann schmückt sie sich mit einer Guirlande (jñānamālā) aus Menschenköpfen, um ihre Weisheit und Kraft zu dokumentieren. Die Zahl dieser Köpfe ist im allgemeinen fünfzig, um die 50 Buchstaben des Sanskrit-Alphabets anzudeuten, die die äußeren Manifestationen von Śabda-brahman, Brahman in der Gestalt des Klanges, darstellen. Kālīs weit heraushängende blutrote Zunge bedeutet Rajo-guṇa, die Energie, deren kreisende Bewegung jeder schöpferischen Aktivität Impetus verleiht. Durch diese Geste ermahnt sie die Sādhakas, ihr Rajo-guṇa unter Kontrolle zu halten. Das Opferschwert und der abgehackte Kopf in der Linken sind die Symbole der Auflösung. Dunkelheit und Tod sind ganz und gar nicht lediglich Nichtvorhandensein von Licht und Leben, sondern ihr Ursprung. Der Sādhaka verehrt die kosmische Kraft in ihrer weiblichen Gestalt; denn sie repräsentiert den kinetischen Aspekt, während das Maskuline statisch ist, aktiviert nur durch ihre Kraft.

Tafel 92
Saptamuṇḍī-Āsana. Malerei. Nandi, Himachal Pradesh. Ca. 18. Jh.
In tantrischem Sādhana werden die schwierigsten meditativen und okkulten Praktiken nur dann ausgeführt, wenn man im Padmâsana auf Menschenschädeln sitzt. Fünf Schädel, Pañcamuṇḍī, benötigt man für diese esoterische Stellung. Auf diesem Bild sitzt Devī auf sieben Schädeln (saptamuṇḍī). Nach tantrischer Lehre ist das Gehirn das wichtigste Kräfte-Reservoir, das das Unbewußte kontrolliert. Da nun der Schädel im direkten Kontakt zu diesem Reservoir steht, kommen viele wunderbare Siddhis, übernatürliche Kräfte, dem zugute, der auf Pañcamuṇḍī oder Saptamuṇḍī sitzend meditiert.

Tafel 93
Bhairavī oder Kālī. Malerei. Mandi, Himachal Pradesh. Ca. 18. Jh.
Bhairavī oder Kālī, als Personifikation der göttlichen Energie Śivas, trägt eine Guirlande aus abgeschlagenen Köpfen (muṇḍamālā). In ihren Händen hält sie ein Schwert und eine Samenschale, Symbole ihrer zerstörerischen und schöpferischen Aspekte, während sie mit ihrer dritten und vierten Hand Furcht verbreitet und zu geistiger Disziplin ermahnt.

श्रीरामजी
ईजा रुखा दहुरु र पि ञ रुखो
ता जे ई अ र रुव व भा भा ॥
गेतू ॥

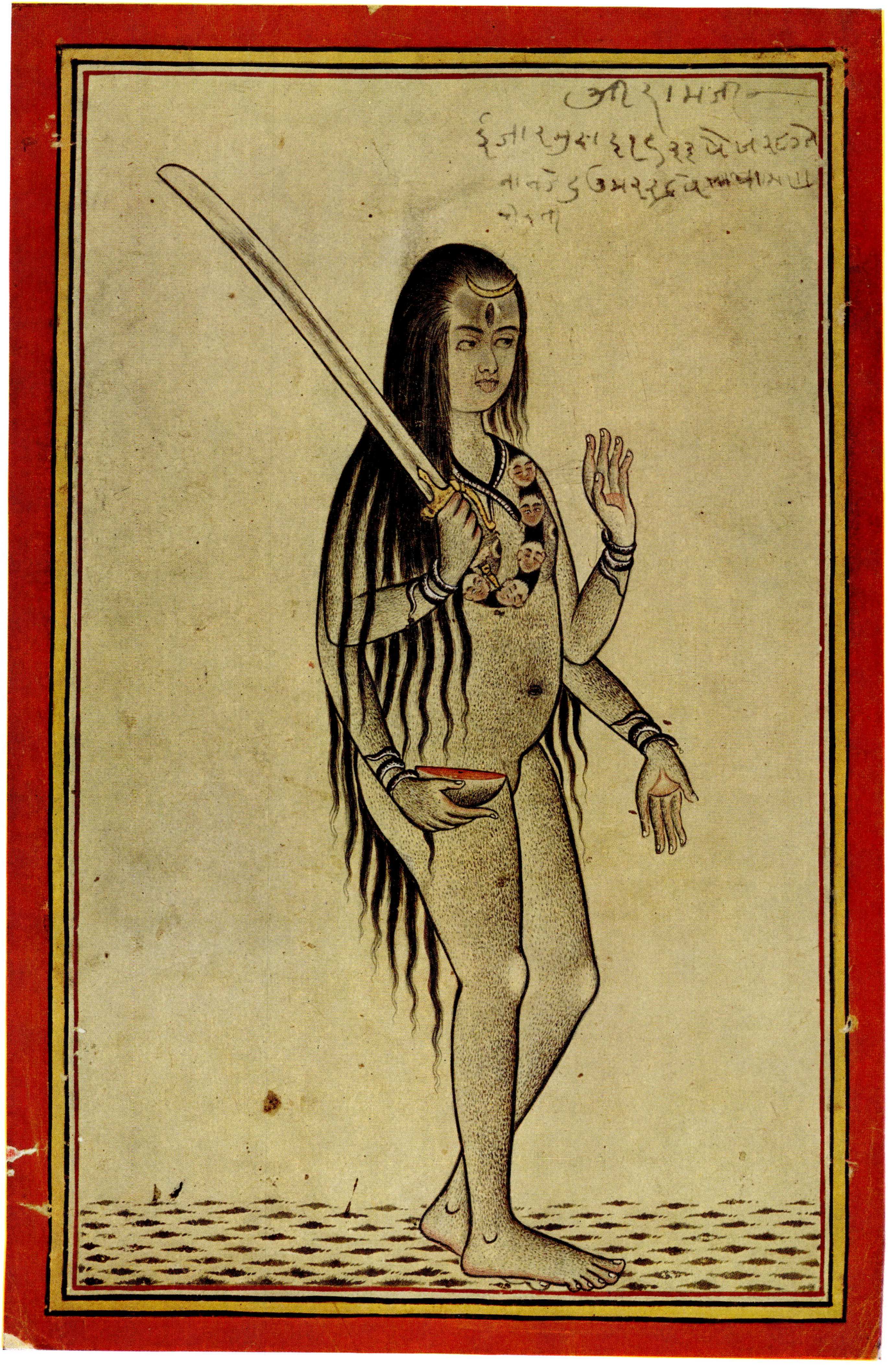

Tafel 94
Garuḍa. Malerei. Kangra, Himachal Pradesh. Ca. 18. Jh.
Der mythische Vogel Garuḍa ist Viṣṇus Reittier. Halb Riese und halb Adler, mit dem Körper und den Gliedern eines Menschen, sind sein Kopf, Schnabel und Krallen die eines Adlers. Einst verwechselten ihn die Götter wegen seiner Leuchtkraft mit Agni, dem Gott des Feuers. Die Zuordnung Garuḍas zu den Schlangen wird in den Epen und Purāṇas betont und in früheren und mittelalterlichen Darstellungen illustriert. Obwohl er Viṣṇu als dessen Reittier besonders verbunden ist, macht ihn diese Darstellung mit ihrer Beschreibung śivaitischer und viṣṇuitischer Symbole zu einer Manifestation der Höchsten Kraft.

Tafel 95
Guṇatra-Cakrâsana. Aus einem illustrierten Manuskript. Nepal. Ca. 17. Jh.
Āsana erschaut als ein Muster der Kräfte Sattva, Rajas und Tamas, symbolisiert durch die Farben gelb, rot und schwarz, zusammen mit dem farblosen Weiß kosmischer Bewußtheit, jenem bewegungslosen aber durch seine eigene Strahlung agierenden und alle Formen der Manifestation erschaffenden Prinzip. Die Quadrate vervollständigen den Eindruck, daß alles «innerhalb» ist.

Tafel 96 →

← Tafel 96
Detail des Jambūdvīpa mit einer Anhäufung von Sternen. Malerei. Gujarat. Ca. 17. Jh.

Tafel 97
Reine Bewußtheit. Aus einem illustrierten Manuskript. Gujarat. Ca. 1700 A.D. Museum and Picture Gallery, Baroda.
Sat, Cit, Ānanda – Reines Sein, Bewußtheit, Wonne. In seiner reinen Existenz hat sich der kosmische Prozeß zu Hitze zurückentwickelt. Dann beginnt die Schwingung von neuem und der schöpferische Impuls im kosmischen Prozeß beginnt zu wirken.
«Tantrische Disziplin ist ihrer Natur nach eine Synthese. Sie hat die universale Wahrheit erfaßt, daß es zwei Existenzgrade gibt, deren Wesenseinheit Geheimnis jeder Existenz ist...» Damit sind tantrische Rituale die Grundlage der philosophischen Systeme der Hindus, Jainas und Buddhisten geworden. Und tatsächlich sind tantrische Methoden geistiger Disziplinierung (sādhana) in Anwendung seit den Anfängen der Harappa-Kultur ca. 3000 v. Chr. Tantrische Lehren breiteten sich auch von Indien seit ca. 400 A.D. nach China, Tibet und anderswohin aus.

Bibliographie

Abhyankar, Kashinath Vasudev
Sakta-Darsana of Hayagriva. Poona, Sanskrit Vidya Parishamstha, 1966.

Agrawala, V. S.
Matsya Purana—a study. Varanasi All India Kashiraj Trust, 1963.

Anand, Mulk Raj and Hutheesing, Krishna
The Brides Book of Beauty. Bombay, Kutub, 1947.

Ashtavakra Samhita
Text with English Translation. Mayavati, Published by Advaita Ashrama, 1958.

Asiatic Researches
or Transaction of the Society, instituted in Bengal. Calcutta, B. L. Doss, n. d. Vol. II.

Aurobindo, Sri
Foundations of Indian Culture, Pondichéry, Sri Aurobindo Ashram, 1968.
(The) Future Evolution of Man. London, Allen & Unwin, 1963.
(The) Human Cycle. The ideal of Human Unity, War and Self-determination. Pondichéry, Sri Aurobindo Ashram, 1962.
On Yoga. The synthesis of Yoga. Pondichéry, Sri Aurobindo Ashram, 1965.

Avadhut
Nilakantha Himalaya. Calcutta, Mitra & Ghosh, 1372 B. S. (Bengali).

Avadhuta, Acharya Vimuktananda
Cosmic Society—An Anthology. New Delhi, Renaissance Publ.

Ayyangar, T. R. Srinivasa
Yoga Upanishads. Madras, Adyar Library, 1952.

Banerjee, J. N.
Pauranic and Tantric Religion. Calcutta University, 1966.

Banerjee, Akshya Kumar
Sadhya-Sadhan Tattva-Vichar. Calcutta, A.K. Datta Gupta, 1327 B. S. in 2 parts (Bengali).

Beckett, L. C.
Unbounded Worlds. London, the Ark Press, n. d.

Besant, Annie and Leadbeater, C.W.
Occult Chemistry. Adyar, Theosophical Publ. House, 1951.

Bhagavad-Gita
A new Translation and Commentary with Sanskrit Text, by His Highness Maharishi Mahesh Yogi. London, International S.Q.M. publ., 1967.

Bhagavad-Gita
trad. française par Sylvain Levi et J.-T. Stickney, Paris Adrien Maisonneuve, 1938.

Bharati, Agehananda
Tantric Tradition. London, Rider & Co., 1965.

Bhattacharya, Bidhusekhar
Gauda Padiyam Agam Shastram. Calcutta University, 1950.

Bhattacharya, Surendranath
Hatayoga Sadhan. Calcutta, Sulabh Library, 1358 B. S. (Bengali).

Bhattacharya, Surendra Nath
Rakshasi Tantra. Calcutta, Town Library, 1356 B. S. (Bengali).

Bonestell, Chesley and Ley, Willy
The Conquest of Space. London, Sidgwick & Jackson, 1950.

Bronowski, J.
Science and Human Value. London, Penguin, 1964.

Caycedo, Alfonso
Indian of Yogis. Delhi, National Publishing House, 1966.

Chakravarti, Sureshchandra
Human Life and Beyond. Calcutta University, 1947.

Chattopadhaya, Pramod Kumar
Avadhuta O Yogisanga. Calcutta, Bhattacharya & Sons, 1951 (Bengali).

Chattopadhaya, Rasik Mohan
Bhuta Damar. Calcutta, S. N. Mukherjee, 1338 B. S. (Bengali) Satkarma Dipika. Calcutta, Sanskrit Pustak Bhandar, 1338 B. S. (Bengali).

Choudhary, Radhakrishna
Vratyas in Ancient India. Varanasi, Chowkhamba Sanskrit Series, 1964.

Chung-Yuan, Chang
Creativity and Taoism. New York, The Julian Press, n. d.

COLLIER, GRAHAM
Form, Space and Vision. Englewood Cliffs, Prentice Hall, 1964.

COOMARASWAMY, ANANDA K.
Buddha and the Gospel of Buddhism. New York, Harper, 1964.

DANIELOU, ALAIN
Hindu Polytheism. London, Routledge, 1964.
L'Érotisme Divinisé. Paris, Editions Buchet-Chastel, 1962.

DAS GUPTA, TAMONASH CHANDRA
Aspects of Bengali Society from old Bengali Literature. Calcutta University, 1935.

DATTA, BIBHUTIBHUSHAN
History of Hindu Mathematics. Bombay, Asia Publishing House, 1962.

DE BARY, WILLIAM THEODORE
Sources of Indian Tradition. New York, Columbia University Press, 1958.

DE, SUSHIL KUMAR
Treatment of Love in Sanskrit Literature. Calcutta, S. K. DAS, 1929.

DURANT, WILL
Story of Civilization. N.Y. Simon Schuster, 1942. Part I Our Oriental Heritage.

EDGERTON, FRANKLIN
The Beginnings of Indian Philosophy. London, Allen & Unwin, 1965.

EVANS-WENTZ, W.Y.
Le livre des morts du Tibet, Paris, Adrien-Maisonneuve, 1958.
Yoga tibétain et doctrines secrètes, Paris, Adrien-Maisonneuve, 1938.

FRANKS, HERBERT W.
Sinnbild der Chemie (Microstructure of Chemistry). Basel, Switzerland, Basilius Press A.G., 1968.

FREDERIC, LOUIS
La Danse Sacrée De L'Inde. Paris, Arts et Métiers Graphics, 1956.

GAMOW, GEORGE
One two three—Infinity. N.Y., Bantam, 1967.

GIBSON, WALTER B. and GIBSON, LITZKA R.
The complete Illustrated Book of The Psychic Science, London, Corgi Books, 1969.

GRAUBARD, MARK
Foundations of Life Science. New York, D. Van Nostrand, 1965.

HARGREAVES, F. J.
The Size of the Universe. London, Penguin Books, 1947.

HINDU ART OF LOVE
Richard Burton's Translation of the Ananga Ranga and The Symposium of Plato. Tr. by B. JOWETT. London, Kimber Pocket Ed., 1963.

INDIAN INSTITUTE OF ADVANCED STUDY
Indian Aesthetics and Art Activity. Simla, Indian Institute of Advanced Studies, 1968.

INGALLS, DANIEL H. H.
An Anthology of Sanskrit Court Poetry. Vidyakara's Subhasitaratnakosa. Cambridge, Harvard Univ. Press, 1969.

INGELMAN, SUNDBERG, AXEL and LENNART, NILSSON
Child is born. New York, Seymour Laurence, 1966.

IRVING, ROBERT
Sound and Ultrasonics London, Dennis Dobson, 1959.

JAGADGURU SWAMI SRI BHARATI KRISNA
Vedic Mathematics. Banaras Hindu University, 1965.

JENNY, HANS
Cymatics. Basel, Basilius Press, 1967.

JISL, LUMIR
Tibetan Art. London, Spring Books, n. d.

JUNG, C. G.
Memories, Dreams, Reflections. N.Y., Pantheon Books, 1963

KALYANA MALLA
Ananga Ranga Tr. & annotated by F. F. Arbuthnot & Richard Burton. Medical Press, N.Y. 1964.

KANDINSKY
Kandinsky The Colour. Library of Art. By Frank Whitford. London, Paul Hamlyn, 1967.

KANE, PANDURANG VAMAN
History of Dharmasastra. Vol.V. Pt.II. Puranas and Dharmasastra: Tantras and Dharmasastra,
Poona, Bhandarkar Oriental Research Institute, 1962.

KANWAR LAL
The Cult of Desire. Delhi, Asia Press, 1966.

KAULACARA, RAMCHANDRA
Silpa Prakasa. Tr. Ed. by Alice Bonar and Sadasiva Rath Sarma. Leiden, Brill, 1966.

KAVIRAJ, GOPINATH
Aspects of Indian thought. University of Burdwan, 1966.
Sadhudarshan O Sat Prasanga. Calcutta, S. Mukherjee, 1369 B.S. in 2 parts. Calcutta, Prachi Publs., 1370 B.S. (Bengali).
Tantra O Agam Shastrer Digdarshan. Calcutta, Sanskrit College, 1963 (Bengali).
Tantrick Bangmoy me Sakta Drishti. Patna, Bihar Rashtrabhasa. Parishad, 1963 (in Hindi).

KEPES, GYORGY
The Nature and Art of Motion. London, Studio Vista, 1965.

KOKKOKA
(Hindu Secrets of Love) Rati Rahasya. Tr. by S.C. Upadhyaya. Bombay, Taraporevala, 1965.
The Koka Shastra being the Ratirahasya of Kokkoka and other medieval Indian writings on love. Tr. with an introduction by Alex Comfort. London, Allen & Unwin, 1964.

KOKKOKAM & RATI RAHASYAM
Kokkokam & Rati Rahasyam. Ed. by T.N. Ray. Calcutta, Medical Book Company, 1960.

KONOW, STEN and TUXEN POUL
The Religions of India. Copenhagen, G.E.C. Gad Publ. 1942.

KRAMRISCH, STELLA
(The) Art of Nepal. N.Y., The Asia Society, 1968.

KUVALAYANANDA, SWAMI
Asanas, Bombay, Popular Prakashan, 1964.

LEESON, FRANCIS
Kama Shilpa. Bombay, Taraporevala, 1962.

LIN YUTANG
Wisdom of India. London, Michael Joseph, 1948.

MAHESH YOGI, MAHARISHI
The Science of Being and Art of Living. London, International S.R.M. Publications, 1966.

MARCADE, JEAN
Eros Kalos. Erotic Elements in Greek Art. Geneva, Nagel Publishers, 1962.
Roma Amor. Geneva, Nagel Publishers, 1961.

MARKS, ROBERT W. (Ed.)
Great Ideas of Modern Science. N.Y., Bantam Science, 1967.

MASTERS, ROBERT E.L. and HOUSTON, JEAN
Psychedelic Art. London, Weidenfeld, 1968.

MUKERJEE, RADHAKAMAL
History of Indian Civilization. Bombay, Hind Kitabs, 1966. 2 Vols.

NAWAB, SARABHAI MUNILAL
Mahaprabharika Navasmaran. Ahmedabad, Shree Jain Prachina Sahityadhar Granthabali.
Series No. 6, 1961 (in Gujarati).

NAWAB, VIDYA SARABHAI
419 illustrations of Indian Music & Dance in Western Indian Style. Ahmedabad, Sarabhai Manilal Nawab, 1964.

O'RELLY, EDWARD
Sexercises. New York, Pocket Book, 1966.

PANDIT, M.P.
Kundalini Yoga. Madras, Ganesh Co., 1962.
Studies in the Tantras and the Veda. Madras, Ganesh & Co., 1967.

PANDEY, KANTI CHANDRA
Abhinavagupta—An Historical and Philosophical Study. Varanasi, Chowkhamba Sanskrit Series, 1963.

PATANJALI
Yoga-Sutra. Tr. from Sanskrit by Bengali Baba. Poona, N.R. Bhargawa, 1949.

Yoga-System of Patanjali. Tr. from the original Sanskrit by James Hughton Woods. Delhi, Motilal Banarasidas, 1966.

Popper, Frank
Origins and Development of Kinetic Art. Tr. from French by Stephen Bann. London, Studio Vista, 1968.

Pott, P.H.
Yoga and Yantra. The Hague, Martinus Nijhoff, 1966.

Pratyagatmananda Saraswati
Fundamentals of Vedanta Philosophy. Madras, Ganesh & Co., 1961.

Radhakrishnan, S.
The Brahma Sutra. The Philosophy of Spiritual Life. London, Allen & Unwin, 1960

Raval, P.D.
Atomic Theory in the Vedas. Published by the Author at Morvi, 1964.

Ray, Sankarnath
Bharater Sadhak. Calcutta, Writers Syndicate, 1337 B.S. Part V–VII (Bengali).

Randhawa, M.S.
Kangra Valley Painting. India Govt. Pub. Division, 1954.

Rawson, Philip
Erotic Art of the East. Introduction by Alex Comfort. New York, Putnam, 1968.

Reyna, Ruth
The Philosophy of Matter in the Atomic Era. Bombay, Asia Publishing House, 1962.

Reich, Wilhelm
The Function of the Orgasm. London, Panther, 1968.

Ross, Nancy Wilson
Three Ways of Asian Wisdom. New York. Simon & Schuster, 1966.

Russell, Bertrand
Marriage and Morals. New York, Bantam Books, 1966.

Sakta Pramod
Compiled by Raja Devanandana Sinha Bahadur. Ed. by Pandit Rashwraj Dubeji. Bombay, Sri Venkateshwar State Press, 1904.

Satprem
Sri Aurobindo or Adventure of Consciousness. Pondicherry, Sri Aurobindo Ashram, 1968.

Satyananda Saraswati
Kamaka Kumari Puja, Halisahar, Brahmachari Syamachaitanya, 1360 B.S. (Bengali).

Satya Prakash
Founders of Sciences in Ancient India. New Delhi, Ancient Scientific Studies, 1965.

Schrader, F. Otto
Introduction to Pancaratna and The Ahirbudhya Samhita. Madras, Adyar Library, 1916.

Schwenk, Theodor
Sensitive Chaos. The Creation of Flowing Forms in Water and Air. London, Rudolf Steinu Press, 1965.

Sen, K.M.
Hinduism. London, Penguin, 1961.

Sen, R.K.
Aesthetic Enjoyment. Calcutta University, 1966.

Shivananda Saraswati
Yogic Therapy, Kamakhya, Umachal Prakashani, 1957.

Siddheswarananda Swami
Meditation according to Yoga Vedanta. Trichur, Sri Ramakrishna Ashram, 1966.

Sierksma, F.
Tibet's Terrifying Deities. Sex and Aggression in religious Occulturation. Rutland, Charles E. Tuttle & Co., 1966.

Singh, Jagjit
Great Ideas and Theories of Modern Cosmology, 1961.

Singh, Madanjeet
Himalayan Art. UNESCO Art Books, London, Macmillan, 1965.

Sivaramamurti, C.
Sanskrit Literature and Art—Memoirs of Indian Culture (Memoir of the Arch. Survey of India, No. 73). Calcutta, Government of India Press, 1955.

SPENCER, SIDNEY
Mysticism. London, Penguin Books, 1967.

STREET, ROBERT
Modern Sex Techniques. New York, Lancer Books, 1966.

SWAMIJI, MAHARAJ
Tantric Panchanka. Prayag, Kalyan Mandir (Hindi).

TABORI PAUL
Pictorial History of Love. London, Spring Books, 1966.

TAYLOR, G. RATTRAY
Sex in History, London, Panther Books, 1965.

THOMAS, P.
Incredible India. Bombay, Taraporevala & Co., 1966.
Kama Kalpa or The Hindu Ritual of Love. Bombay, Taraporevala, 1963.

THORNS, SABINA
Precepts for Perfection. Madras, Ganesh & Co., 1961.

VAIDYA, R.V.
Astronomical Light on Vedic Culture. Bombay, Makarand Sahitya, 1965.

VANDER, A. WILLY L. & Others
The Encyclopaedia of Sex Practice. London, Francis Aldon, n.d.

VATSYAYANA
Kama Sutra (Eng. Tr.). Delhi, Asia Press, 1967.
Kama Sutra. Ed. by H.S. Gamber. Bombay, Brijmohan & Co., n.d.
The Kama Sutra Tr. by Richard Burton and F.F. Arbuthnot. London, Allen & Unwin, 1965.
Kama Sutra. Illustrated Edition. Ed. & Tr. into English by S.C. Upadhyaya. Bombay, Taraporevala, 1963.
Le Kama Soutra de Vatsyayana. Trad. Française de I. Liseux. Paris, J. Fort, éd.

VIDYA PRAKASH
Khajuraho. Bombay, Taraporevala, 1967.

VIDYARATNA, KALI PRASANNA
Brihattantra Kosha. Calcutta, Ganesh Ch. Ghose, B.S. 1295.

VIDYARATNA, RAKHAL CHANDRA
Kalpavalli. I–IV Parts. Published by the author. Manbhum, Panchakoth, 1343 B.S.

VISHNUDEVANANDA, SWAMI
The Complete Illustrated Book of Yoga. New York, Julian Press, 1961.

VIVEKANANDA, SWAMI
The Yogas and other works including Jnana-Yoga, Bhakti-Yoga, Karma-Yoga, Raja-Yoga, Talks, Lectures, Poems and Letters. New York, Ramakrishna-Vivekananda Centre, 1953.

VOLIN, MICHAEL and PHETAN NANCY
Sex and Yoga. London, Pelham Book, 1967.

WADIYAR, SRI JAYA CHAMARAJA BAHADUR
An Aspect of Indian Aesthetics. University of Madras, 1956.

WALKER, BENJAMIN
Hindu World. London, Allen & Unwin, 1968. 2 Vols.

WOOD, EARNEST
Yoga. London, Cassell, 1962.

WOODROFFE, SIR JOHN
Introduction to Tantra Sashtra. Madras, Ganesh & Co., 1969.
La puissance du serpent, Lyon, Ed. Paul Derain, 1959.
Principles of Tantra, Madras, Ganesh & Co., 1914.
The world as Power, Madras, Ganesh & Co., 1966.
The great liberation (Mahanirvana Tantra), Madras, Ganesh & Co., 1963.
Kularnava Tantra, Madras, Ganesh & Co., 1965.
The Garland of letters, Madras, Ganesh & Co., 1969.
Hymns to the goddess, Madras, Ganesh & Co., 1964.
Hymn to Kali (Karpuradi-stotra), Ganesh & Co., 1965.
Sakti and Sakta, Ganesh & Co., 1965.

YOGANANDA, PARAMAHANSA
Autobiography of a Yogi. London, Rider & Co., 1961.

YOGINI TANTRA
Ganga Vishnu Srikrishnadasa. Bombay. n.d.

YOUNG, J.Z. and MARGERISON, TOM. Ed.
The Explosion of Science—from Molecule to Man. London, Thames & Hudson, 1967.

YOUNG, WAYLAND
Eros Denied. London, Weidenfield & Nicolson, 1965.

Hymne an die Göttin

Mūladhāra-cakra

1

Zu Dir will ich beten, o Tripurā,
Die Frucht meiner Wünsche zu erlangen,
Mit dieser Hymne, durch die Menschen jene Glücksgöttin sich
geneigt machen,
Die von den Devas verehrt wird.

2

Du bist der Ursprung der Welt,
Doch selbst ohne Ursprung bist Du,
Obwohl Hunderte von Hymnen Dir gewidmet sind.
Sogar Brahmā, Visṇụ und Mahêśvara können Dich nicht erfassen.
Deshalb verehren wir Deine Brüste, o Mutter aller Śāstras,
Die vor gelbem Safran leuchten.

3

O Tripurā, wir beten Dich an,
Dein Körper leuchtet mit dem Glanz von Tausenden von Sonnen,
Du hältst in zweien Deiner Hände ein Buch und den Kranz von
Rudrâkṣa-Perlen.
Und mit den beiden anderen deutest Du die Geste
Der Gnadengewährung und Furchtlosigkeit an.
Dein Lotusgesicht ist geschmückt mit drei Lotusaugen.
Herrlich anzusehen ist Dein Nacken mit dem Halsband aus großen
Perlen.

Svadhiṣṭhāna-cakra

4

O Mutter, wie kann der Unwissende, aus Zweifel und Zank unruhigen Geistes,
Deine hinreißende zinnoberrote Gestalt erfassen,
Gebeugt unter der Last Deiner Brüste,
Zugänglich nur durch Verdienste,
Erworben in früheren Geburten?

5

O Bhairavī, die Weisen beschreiben Deine körperliche Gestalt,
Die Śrutis Deine Feingestalt.
Einige nennen Dich die herrschende Göttin der Rede,
Andere wiederum die Wurzel der Welten.
Aber wir gedenken Dein
Als des unüberquerbaren Ozeans der Gnade,
Und nichts sonst!

6

Verehrer gedenken Dein in ihrem Herzen
Als dreiäugig, geschmückt mit dem zunehmenden Mond,
Weiß wie der Herbstmond.
Dein Wesen sind die fünfzig Buchstaben,
Du hältst in Deinen Händen ein Buch, einen Perlenkranz, einen Nektarkrug,
Und machst die Vyākhyā-mudrā.

Maṇipura-cakra

7

O Tripurā, Du bist Śambhū mit Parvatī in einem.
Du bist Viṣṇu von Kamalā umarmt.
Und Brahma, aus dem Lotus geboren.
Du bist auch die Devī, Herrscherin der Rede,
und nun wiederum Energie von allen diesen.

8

Ich nehme Zuflucht zu diesen vier,
Zu Bhāvas, Parā und den anderen Vāgbhava-Geborenen.
Niemals werde ich Dein vergessen, der Höchsten Gottheit,
Deren Substanz ist Existenz und Intelligenz.
Und Die durch Deine Kehle und andere Organe ausdrückt
Den Bhāva, der in der Gestalt von Buchstaben erscheint.

9

Die Geweihten überwinden die sechs Feindsünden,
Kontrollieren ihren Atem,
Und, mit stetem Geist, richten sie ihren Blick auf ihre Nasenlöcher.
In ihren Herzen gedenken sie Deiner mondgekrönten Gestalt,
Strahlend wie die junge aufgegangene Sonne.

Anāhata-cakra

10

Die Veden künden, Du habest die Welt erschaffen,
Nachdem Du angenommen hattest die zweite Gestalthälfte Śivas, des Kāma-Feindes.
Wahrlich, o Tochter der Berge und einzige Mutter der Welt,
Wäre es nicht so gewesen,
Die Vielzahl der Welten hätte nie existiert.

11

Zusammen mit den Weibern der Kiṃnaras
Verehren Dich die Frauen der Siddhas, weingeröteten Auges,
Mit Blüten himmlischer Bäume,
In den Höhlen des goldenen Berges,
Und singen Dein Loblied.

12

Ich bete an in meinem Innern die Devī, deren Körper nektarfeucht ist,
Herrlich anzusehen wie der Glanz des Blitzes,
Sie, die auf Ihrem Wege von Ihrer zu Śivas Heimstätte,
Öffnet die Lotusse auf dem schönen Pfad der Suṣumnā.

Viśuddha-cakra

13

O Tripurā, ich nehme Zuflucht zu Deinen Lotusfüßen,
Verehrt von Brahmā, Viṣṇu und Mahêśvara.
Du bist die Heimstatt der Wonne, die Quelle der Veden,
Der Ursprung jedes Reichtums.
Dein Körper ist das Wissen.

14

Niemals werde ich Sie vergessen, die Geberin der Glückseligkeit.
Sie, o Mutter, ist es, die in der Gestalt des Mondes
Erschafft die Welt voller Laute und deren Bedeutung,
Und wiederum ist Sie es, die durch Ihre Kraft in Ihrer Sonnengestalt
Die Welt erhält.
Und Sie ist es auch, die als Feuer am Ende der Zeit das ganze Universum zerstört.

15

Die Menschen verehren Dich unter verschiedenen Namen:
Als Nārāyaṇa, als Sie, die aus dem Höllenozean errettet,
Als Gaurī, als Beruhigerin der Schmerzen, als Sarasvatī,
Und als Śiva, den dreiäugigen Geber des Wissens.

Ajña-cakra

16

O Mutter der Welt, wer Dich mit zwölf Versen dieser Hymne verehrt,
möge zu Dir gelangen und alle Kräfte der Rede und die Höchste Heimstatt erlangen.

Bhairavīstotra
TANTRASĀRA

Sahasrâra-cakra